पुनर्वसु

विश्व कविता से एक चयन

पुनर्वसु

विश्व कविता से एक चयन

अशोक वाजपेयी द्वारा संपादित

राजकमल प्रकाशन

ISBN : 978-81-267-1454-4

मूल्य : ₹ 1295

पहला संस्करण : जनवरी, 1989
दूसरा संस्करण : 2007
पहली आवृत्ति : 2022

प्रकाशक : राजकमल प्रकाशन प्रा. लि.
1-बी, नेताजी सुभाष मार्ग, दरियागंज
नई दिल्ली-110 002
शाखाएँ : अशोक राजपथ, साइंस कॉलेज के सामने, पटना-800 006
पहली मंजिल, दरबारी बिल्डिंग, महात्मा गांधी मार्ग, प्रयागराज-211 001
36-ए, शेक्सपियर सरणी, कोलकाता-700 017
वेबसाइट : www.rajkamalprakashan.com
ई-मेल : info@rajkamalprakashan.com

मुद्रक : बी.के. ऑफसेट
नवीन शाहदरा, दिल्ली-110 032

PUNARVASU
Edited by Ashok Vajpeyi

अज्ञेय और मुक्तिबोध को
प्रणामपूर्वक

पुरोवाक्

यह स्वाभाविक है कि हम कहें और मानें कि अन्ततः सारे संसार की कविता एक है, मनुष्य एक है और उसकी मातृभाषा के रूप में कविता भी । पशु-पक्षी नाचते-गाते और बतियाते होंगे पर वे कविता नहीं करते हैं । कविता मनुष्य का अपना आविष्कार है : मनुष्यता का एक अक्षय मार्मिक पर्याय । वह उसे सहज ही दूसरों के साथ लाती है : चीज़ों, नक्षत्रों, संबंधों, प्रकृति, लोगों और कर्म के पासपड़ोस में अनायास ही शामिल कर देती है । जो रोज़मर्रा है, जो आदतन है, जो पहले से ही तय है उसकी गिरफ़्त से कविता हमें मुक्त करती है । वह अभी और अनन्त को, यहाँ और वहाँ को, नश्वरता और अनश्वरता को जोड़ती है और हमें देश-काल में अवस्थित करके भी उनके पार ले जाती है । वह इतिहास में हमें रोपती है और उसकी अनिवार्यता से स्वतंत्र करती है । कविता भाषा में सपना देखती है, गाती है, प्रश्न पूछती और चिन्तित होती है : उसमें धूप है, अँधेरा है, कभी न समाप्त हो पानेवाली हमारी सत्ता की गोधूलि है । वह हमारे एकान्त को सृजनक्षम बनाती है, हमारी सामुदायिकता को व्यक्तित्वहीन होने से बचाती है । जब सारे दरवाज़े मनुष्य पर भेड़ दिये जाते हैं तो कविता, सारे ख़तरों के बावजूद, एक दरवाज़ा खुला-अधखुला रखती है, टोमस ट्रांस्ट्रोमर के शब्दों में "हर एक के लिए" ।

यह शताब्दी अपने अवसान के समीप है और सारे संहार, विध्वंस और सत्यानाश के बाद भी मनुष्यता जीवित है : कविता मनुष्य की इस अदम्य उत्तरजीविता, उसकी असमाप्य जिजीविषा का सबसे प्रबल साक्ष्य है । यह दावा करना ग़लत नहीं है कि हमारा समय ऐसा भयानक समय है जिसमें मनुष्य के अनेक माध्यम जैसे राजनीति, धर्म, विज्ञान, तकनीकी आदि उसके साथ छल कर रहे हैं लेकिन कविता अभी भी मनुष्य की भरोसेमन्द साथी है । कविता मनुष्य के साथ है क्योंकि वही उसका लक्ष्य है, वही उसका अभीष्ट । उसी ने हमेशा मनुष्य के आधे-अधूरेपन के दुख को समझा और उसके भरे-पूरेपन के सपने को सक्रिय रखा है । यह नहीं कि वह संकटग्रस्त नहीं हुई है—यह भी नहीं कि उसे दुविधाओं ने नहीं घेरा है । सभ्यता ने कई बार उसे हाशिए पर ढकेलने की कोशिश की है । उसकी आवाज़ को कई तरह के तुमुल में अनसुनी करने की साज़िश हुई है । राजनैतिक व्यवस्थाओं, विचारधाराओं, धार्मिक उन्माद और एकसेपन की सभ्यता की बढ़ती तानाशाहियों और उपभोक्तावाद ने उसे अपना उपनिवेश बनाने और उसकी स्वतंत्रता को

तरह-तरह से हरने का षड्यंत्र भी बहुत किया है। पर कविता ने अकेले पड़ जाने का जोखिम उठाकर, शब्द, जीवन और मनुष्य की गरिमा और अस्मिता को बचाते हुए, अपने नैतिक संकल्प को अक्षुण्ण रखा है। यह अकारण नहीं है कि इस शताब्दी में जब अन्य अनुशासन नीतिनिरपेक्ष या नीतिविरोधी हो गए हैं, कविता मनुष्य की नई नैतिकता बनकर उभरी है : वह मनुष्य के नैतिक टिकाऊपन का पर्याय बन गई है। इस शताब्दी की लोहित रणभूमि में कविता मनुष्य की अपराजेयता का उद्घोष है; एक ऐसी आवाज़ जिसे राज्य या व्यवस्थाएँ, विचारधाराएँ या उपभोक्तावाद दबा या छुपा नहीं सकते। आज संसार की कविता हमारे समय का सबसे विश्वसनीय आदमीनामा है। एक ऐसा संबोधन जो हम सबके लिए है अगर हमारे पास थोड़ा-सा समय अपनी हालत समझने, अपने मनुष्य होने के संकट को पहचानने और अपने आत्मविस्तार के लिए थोड़ी देर ठिठकने का हो।

चैक उपन्यासकार मिलान कुंदेरा ने कहा है कि पहले से जाने हुए सच की सेवा-टहल में लगा व्यक्ति कवि नहीं हो सकता—फिर उस पूर्वनिर्धारित सच को आप क्रांति कहें या असहमति, आस्था कहें या अनास्था, अन्यायपूर्ण कहें या न्यायसंगत इससे कुछ फ़र्क़ नहीं पड़ता। जो कवि खोजे जानेवाले सच के अलावा किसी सच की सेवा में है वह झूठा कवि है। यह सच्चे सौभाग्य की बात है कि संसार में ऐसे कवि हैं जो ऐसे ही सच को, बल्कि सचों को, हमारे लिए विन्यस्त कर रहे हैं जो पहले से जाने हुए नहीं हैं बल्कि खोजे जाने को हैं; ऐसे सच जो किसी और माध्यम से सुलभ नहीं हैं, जिन्हें केवल कविता ही भाषा के अपने लयात्मक प्रयत्न से खोजती और हमें उपलब्ध कराती है। आग्रह कविता के सच पर है, जो मनुष्य का अपना मार्मिक सच है और जो उसके अन्य सचों से असंबद्ध या स्वतंत्र नहीं है पर जिसे किसी और सच का पिछलगुआ या संस्करण या किराए का मकान होना मंज़ूर नहीं है। इसी अर्थ में आज कविता अपनी उग्र स्वायत्तता की ज़िद करती कविता है—अपने को मानवव्यापार में नई नैतिकता की तरह प्रतिष्ठित करती कविता : उसका सच ऐसा सच भी है जो सब कुछ को छोड़कर पाई इकहरी सुसंगति का सच नहीं बल्कि सब कुछ को मिलाकर पाई गई अन्विति का सच है : समावेशी, उदग्र और अंतर्विरोधों से अक्षत सच। जैसा आक्तोवियो पाज़ ने कहा, उसकी "उषा/जोखम से उत्पन्न" होती है और इसलिए सुन्दर और लहूलुहान एक साथ है। ऐसी ही कविता तादयूश रोज़विच के शब्दों में "अजन्मी/वह भरती है रिक्तता/छिन्न-भिन्न होते संसार की/अजानी बोली से।" यह कविता मनुष्य के प्रश्नों को, वे सनातन हों या सिर्फ़ आज के, सामान्यीकरण में पदावनत नहीं करती क्योंकि वह, टोमस ट्रांस्ट्रोमर के शब्दों में, मानती है कि "प्रत्येक प्रश्न की पुकार अलग भाषा है—ख़ास उसकी अपनी। जासूसी कुत्ते की तरह वहाँ जाओ तुम, जहाँ भी सचाई ने छोड़े हों चरणचिह्न।" हम याद करें कि हमारे यहाँ भी मुक्तिबोध ने "आत्मा के गुप्तचर" की बात की है। यह कविता तब तक लीला, अभ्यास और प्यार करने पर इसरार करती है "जब तक तुम्हारा झूठ/छूट नहीं जाता अपने आप झूठ होने से।" (चांग ह्यान जांग)। ऐसे कवि देखते हैं "अपनी आँखों से और अपनी आँखों में।"

यह बात अलक्षित नहीं जा सकती है कि इतने सारे आंदोलनों और संघर्षों के बाद संसार की कविता ने बौद्धिक दृढ़ता और नई पारदर्शिता दोनों ही अर्जित की हैं और वे आज उसके सहज उपकरण हैं। निकारागुआ के अर्नेस्तो कार्देनाल कहते हैं ''जैसे चंद्रमा अकेला है, जैसे अकेला है सूर्य आकाश में'', और ग्रीस के निकेफोरोस व्रेत्ताकास की पंक्तियाँ हैं ''वहाँ नहीं है अकेलापन जहाँ एक आदमी/गड्ढा खोद रहा है या सीटी बजा रहा है या धो रहा है अपने हाथ।'' लेकिन यूगोस्लाविया के वास्को पोपा देख पाते हैं कि ''कुछ भी हरियाली में नहीं बदला।'' चेकोस्लोवाकिया के मिरोस्लाव होलुब नोट करते हैं कि ''सोचते भी हैं तो बहुत थोड़ा-सा''। जापानी शुन्तारो तानीकावा की चिंता है कि ''सारा परिचित सामान/कहीं मर न चुका हो चमकते अवसाद में'' तो इटली के जोवान्नी राबोनी सोचते हैं : ''एक अंडा और ब्रेड और गिलास टेबिल पर रखे हैं/यंत्रणा के ढेर सारे सौम्य औज़ारों के साथ।'' ''चमकदार अवसाद'' या ''यंत्रणा के सौम्य औज़ार'' सिर्फ चमत्कृत करनेवाली उक्तियाँ नहीं हैं बल्कि उस कठिन खोज का परिणाम हैं जो बौद्धिक प्रखरता और भावात्मक उत्कटता के साथ भाषा आज कविता में कर रही है।

विराट् व्यवस्थाओं और सरलीकरणों के इस समय में कविता ने उन चीज़ों, छबियों और अनुभवों को हमारे लिए बचा रखा है जो रोज़मर्रा की आपाधापी में हम अकसर अलक्षित करते हैं। वास्को पोपा की नन्हीं डिबिया, रफ़ायल अलबर्ती की छड़ी, ज़ूहाश की बछेड़ा ब्याने की बेला, क्रेग रेन के छोटे प्याज, राबोनी का बढ़ई, अरुण कोलटकर का दूसरे दर्ज़े का देवता यशवन्तराव, एडोनिस का आम का पेड़, ज़ेबन्यू हर्बर्त के कंकर और मुर्ग़ी, शंख घोष की बुढ़ियों की मंडली, होलुब के दाँत, हेलमुट त्सेंकर के पंख, ज़ूडिथ रोड्रीग्ज़ का पानी किनारे का घर आदि सभी हमारे लगभग अलक्षित पास-पड़ोस को ताज़ा आभा और अर्थ देते हैं। हमें याद दिलाते हुए कि हमारे पड़ोस में, आसपास ही कितना सारा विविध जीवन स्पंदित हो रहा है। कविता मनुष्य की स्मृति भी है, उसका बिना चहारदीवारियों और छत का संग्रहालय भी। उसमें हम बहुत कुछ बचाकर रखते हैं : अर्जेंतीना के कवि राबर्तो हुआरोज़ की एक कविता समाप्त होती है इन पंक्तियों से—''इसीलिए शायद जब/आप सोचते हैं/किसी के बारे में तो/शायद आप उसे/बचा रहे होते हैं।'' भाषा के ध्यान में लाकर कविता बहुत कुछ को बचाने का, उसे एक तरह की ममता और मार्मिकता के साथ सँभालकर रखने का जतन करती है। वह उस स्थिति को भी अंकित करती है जिसने ''हमारे पुरउम्मीद दिनों को बदला/दिल को तोड़नेवाले दिनों में'' (गाब्रियल ओकारा) और इस विडम्बना को भी कि ''उनकी मुट्ठी को चूमने के अपने अप्रत्याशित सूफ़ियाना अंदाज़ पर ग़ौर कर अणुबम का ज़िक्र मैंनें नहीं किया'' (एलेन गिंसबर्ग)। वह इस सीधे-सादे पर चौंकानेवाले नतीजे पर भी पहुँचती है कि ''उदासीन चीज़ों से/क्या हासिल हो सकता? कुछ नहीं, अधिक से अधिक सौंदर्य'' (चेस्वाव मिवोश), और इस पहचान तक भी कि ''यह सदा आसमानी नहीं बल्कि आती है तल्ख़ सरज़मीं से।'' वह लियोवाल्ड सेंगोर के शब्दों में ''पलकों को सहलाता एक रोशनीदार हाथ, प्यार'' और ''आत्मा की तह में विचारमग्न

झंखाड़ें'' और ''हर एक तृण में लहक उठते दु:ख और पाप'' दोनों को साफ़ देख और दिखा पाती है।

हुआ यह संयोगवश ही है कि इस चयन में शामिल प्राय: हर कवि की कम से कम एक कविता स्वयं कविता के बारे में है : यह कलावादिता नहीं है, न ही कविता की आत्मरति का अकाट्य उदाहरण। यह साक्ष्य है समूचे संसार और उसकी इतनी सारी काव्य-भाषाओं में सृजनात्मक शब्द के प्रति गहरे लगाव और आज की भयावह धकापेल में शब्द के पीछे पड़ते जाने से उपजी चिंता का। जॉन एशबेरी कहते हैं कि ''मौन ही अंतिम शब्द है'' और स्टीफ़ेन स्पेंडर पाते हैं कि ''वाक्य तो अभिशप्त है जैसा निकला वैसा बने रहने को।'' अख़्तर उल ईमान का आत्मविश्वास है कि ''मैं जिस दिन आऊँगा ताज़ा लुगत हमराह लाऊँगा।'' बीसवीं सदी की शुरूआत हुई थी शब्द के पुनराविष्कार से और उसके सारे संकटों से गुज़रता हुआ, बहुत हद तक लहूलुहान और क्षत-विक्षत शब्द अपनी अस्मिता और अपने अन्तत: अक्षय होने की आस्था का पुनराख्यान इन रचनाओं के माध्यम से कर रहा है। कविता और शब्द की अपराजेयता प्रथमत: और अन्तत: मनुष्य की अपराजेयता ही है। वह भाषा का बार-बार मानवसंलाप के रूप में पुनर्वास है। वही शक्ति देता है उस युग से निपटने की ''जिसमें ताक़त ही ताक़त होगी और चीख़ न होगी'' (रघुवीर सहाय)। वही यह सच्ची शंका भी कि ''कहीं मेरे लौटने के समय सूर्यालोक में रास्ता न दिखे'' (रमाकांत रथ)। यह कवि ही नहीं शब्द का भी वक्तव्य है कि ''मैं क़ब्र में क़ैद नहीं रगों में दौड़ता हूँ'' (हरभजन सिंह)। रगों में दौड़नेवाले और न थकने-हारनेवाले शब्द ही हमारे समय की प्रामाणिक कविता संभव करते हैं। तभी कविता ''स्वर्ग के फाटक में प्रविष्ट होती'' ''वेश्या और दुलहन एक साथ'' (डब्ल्यू एस रेंड्रा) देख पाती है।

एक कर्मबहुल संसार में शब्द भी कर्म का स्थान और गरिमा पाते हैं—वे सक्रिय और हिस्सेदार होते हैं। रामझरोखे से हमारा हाल नहीं देखते या पूछते बल्कि चौक-बाज़ार में, घर-गलियारों में हमारे साथ होते हैं। यह आकस्मिक नहीं है कि संसार की जटिल बहुलता को सबसे अधिक शब्द ही चरितार्थ करते और अपने में समोते हैं। यद्यपि यहाँ किया चयन चयन है, यह बात नोट करने की है कि अनेक विचारों, दृष्टियों और शैलियों के कवि अपनी बुनियादी प्रतिबद्धता एक तरह से इस बहुलता के लिए ही प्रगट करते हैं। बहुलता जो संसार का, मनुष्य और मनुष्येतर के अस्तित्व और संबंध का, भाषा और सृजन का, विचार और कर्म का मूलाधार है। जर्मन कवि गुंटर कुनेर्ट कहते हैं : ''शताब्दी का सपना एक नहीं है।'' कहा जा सकता है कि आज जब एकसेपन की मुँहज़ोर या दबी-छुपी तानाशाहियाँ इस बहुलता को निगलने की हरचन्द कोशिश कर रही हैं, कविता बहुलता के इस जनतंत्र को बचाने की अथक लड़ाई लड़ रही है। उपभोग और शोषण के विरुद्ध, सरलीकरण और सार-संक्षेप के विरुद्ध, अपवर्जन और बहिष्कार के विरुद्ध, मनुष्य के अपमान और तिरस्कार के विरुद्ध, सर्वसत्तावाद और नई औपनिवेशिकता के विरुद्ध आज कविता सिविल नाफ़रमानी है। वह मनुष्य और उसके पर्यावरण को बचाने, भाषायी परिवेश का उसकी बहुलता में संरक्षण करने और सारे जीवन की पवित्रता की निरन्तरता के लिए

सत्याग्रह है। वह नई नैतिकता है तो मनुष्य की परम मुक्ति की स्थाई राजनीति भी।

अब ज़ाहिर हो चुका है कि पुराने साम्राज्यवाद का स्थान नई औपनिवेशिक मानसिकता ने ले लिया जो मानती है कि पश्चिमी सभ्यता केंद्रीय है और बाक़ी सब सभ्यताएँ हाशिए की हैं और उन सबकी नियति पश्चिमी केंद्र का उपनिवेश बनना ही है। केंद्र अपने आप में संपूर्ण है और बाक़ी सब टुकड़े, जिनकी स्वाभाविक और वैध आकांक्षा संपूर्ण में, उसकी शर्तों पर, विलय की ही हो सकती है। पश्चिम के प्रति समर्पित संसारव्यापी भक्तिकाल में यह पहचान किसी उग्र विवेक से ही उपज सकती है कि हमारा संसार एककेंद्रीय नहीं बहुकेंद्रीय है, और संवाद की शर्तें कोई एक पक्ष नहीं दोनों पक्ष ही मिलकर निर्धारित कर सकते हैं, कि शायद दो ही नहीं अनेक पक्ष हैं। संवाद संपूर्णताओं के बीच है, अपनी सारी रचनात्मक रगड़ और मतभेदों के साथ। वह किसी तरह के अराजक बहुलतावाद या सतही समन्वय और समाहार दोनों से बचेगा। वह खुला होगा और उसके परिणाम या परिणति पहले से निर्धारित नहीं होगी। वह मानवसमाज में समता, न्याय और सत्य पर आधारित संलाप को पुनर्प्रतिष्ठित करेगा। कविता ऐसे संलाप का एक महत्वपूर्ण और जटिल स्तर है। फिर वह भारत की हो, अफ्रीका की किसी अल्पसंख्यक कबाइली बोली में कही जा रही हो, फ्रांस या अमरीका की हो, कविता भाषा और मनुष्य के आत्मसम्मान और गरिमा के सत्यापन का आधार है और अपनी स्थानीयता से ही अपनी सार्वभौमिक वैधता पाती है।

आक्तोवियो पाज़ ने कहा है : "हमारी शताब्दी अनुवाद की शताब्दी है। न सिर्फ़ पाठों के अनुवाद की, बल्कि परिपाटियों, धर्मों, नृत्यों, ऐंद्रिक और पाकविद्याओं, संक्षेप में, सभी तरह के व्यवहारों और प्रविधियों के, फिनिश सोना से योगाभ्यास के अनुवाद की। स्वयं इतिहास भी हमें एक अनादर्श अनुवाद ही प्रतीत होता है—कमियों से भरा हुआ—एक खोया हुआ पाठ, दुष्ट अनुकर्ताओं की मूर्खताओं और क्षेपकों के कारण, जिसकी हेगेल और मार्क्स से लेकर नीत्शे और स्पेंगलर जैसे दार्शनिक पुनर्रचना का यत्न करते रहे हैं। निस्संदेह, दूसरे युगों और लोगों ने भी इतनी ही उत्कटता और चिंता के साथ, जैसी कि हमारी है, अनुवाद किया है पर उनमें से कोई भी इस तथ्य के प्रति सचेत नहीं था कि अनुवाद में हम उसे बदलते हैं जिसका कि अनुवाद करते हैं और सबसे ऊपर हम अपने को बदलते हैं।"

हिंदी में अनुवाद की, बावजूद उसकी बहुलता के, प्रतिष्ठा नहीं बन सकी है। यहाँ अनूदित कुछ कवि ऐसे हैं जिनके हिंदी में अनुवाद पहले भी हुए हैं और अगर व्यापक काव्यप्रेमी समाज नहीं तो कम से कम कविसमाज उनके काम से परिचित है। पिछले पंद्रह-बीस वर्षों में हिंदी की काव्य-रचनात्मकता पर जो मुक्तिदायी प्रभाव पड़े हैं उनमें विदेशी कविता, विशेषतः यूरोपीय (अंग्रेजी या अमरीकी नहीं), लातिनी अमरीकी और अफ्रीकी कविता के प्रभाव प्रमुख हैं। इन प्रभावों ने जहाँ हिंदी की जातीय स्थानीयता में उसकी कविता का विश्वास सबल किया है वहाँ उसमें नई साहसिकता और कल्पनाशीलता भी उकसायी है। कविता जाँचने-परखने की नई विधियाँ, भाषा को विन्यस्त करने की नई शैलियाँ, कविता की जटिलताओं और हिस्सेदारी को जाँचने-परखने की कई अपूर्वचिंतित

पद्धतियाँ इस बहाने हिंदी में विकसित हुई हैं। अनुवाद और इससे पड़नेवाला प्रभाव हिंदी की अर्थसंभावना और स्पेस का विस्तार करता है—वह ऐसी जगह, ऐसी अनुभवसंपदा, ऐसी छबियाँ और अंतर्दृष्टियाँ हमारी भाषा के संसार में लाता है जो अन्यथा हमारे पास न होतीं। कहा तो यह जा सकता है कि अनुवाद भी वसुधा को हमारे लिए एक कुटुम्ब बनाता है जहाँ रहने और होने में अजनबीपन नहीं, आत्मीयता महसूस होती है। जिन कवियों ने इस संकलन के लिए अनुवाद किए हैं उन्होंने निश्चय ही इस परिवार-समृद्धि में महत्वपूर्ण भूमिका निभाई है।

अनुवाद हमेशा ही जोखिमभरा काम है : हमेशा ही उसकी प्रामाणिकता संदिग्ध बनी रहती है। कहा यह भी गया है कि कविता वह है जो अनुवाद में नष्ट हो जाती है। पर इसके बरक्स यह भी कहा जा सकता है और ग़लत नहीं होगा कि अन्ततः कविता अनुवाद के बाद भी बची रहती है और संप्रेषित होती है। इतने सारे कवियों की रचनाओं के यहाँ संकलित अनुवाद ज़्यादातर मूल भाषाओं से नहीं बल्कि उनके अंग्रेज़ी अनुवादों से हिंदी में किए गए हैं : वे इस मामले में दुहरे दुर्भाग्य या पुनरवतार के भागी हैं। यह हमारी उत्तर औपनिवेशिक विवशता है और संसांर की अंग्रेज़ीतर भाषाओं के प्रति हमारे कविसमाज की उदासीनता का प्रमाण भी। फिर भी, यहाँ सारी बाधाओं के बावजूद ऐसी कविताएँ हैं जिनसे हम, इन अनुवादों के माध्यम से, बतिया सकते हैं : वे हमें संबोधित हैं और हम उन्हें संबोधित कर सकते हैं। इन अनुवादों ने यह परस्पर संबोधन संभव बनाया है और हम इसके लिए निश्चय ही कृतज्ञ हैं। यह विस्मयकारी आत्मविस्तार है कि हमें इन कविताओं को पढ़ते हुए लगे कि सुदूर चिली या आस्ट्रेलिया, घाना या डेनमार्क, चीन या सेनेगल का कवि और कविता "इतने पास अपने" हैं। ये कविताएँ मानो समूचा संसार अद्‌भुत लेकिन असंदिग्ध ढंग से, बिना चीख़-पुकार के, हमारे लिए स्वायत्त करती हैं। विवक्षा, जिज्ञासा और जिजीविषा की संसारव्यापी बिरादरी में वे हमें शामिल करती हैं। रचनात्मक शब्द अनूदित होकर हमारी काव्य-नागरिकता का विस्तार करता, हमारी रसिकता के लिए नया भूगोल रचता है। उसमें आश्वासन है, चीनी कवयित्री शू तिङ्. के शब्दों में, कि "कल हम फिर मिलेंगे किसी और अक्षांश पर" और क्यूबा की कवयित्री नेक्सी मोरजान का यह सहज विश्वास भी कि "द्वीप सोता है किसी पंख की तरह।" यह पाना भी प्रीतिकर और अप्रत्याशित एक साथ है कि एक ही समय की कविताएँ एक संवाद में, अकसर एक-दूसरे को जाने बिना भी, शामिल हैं। डेनिश कवि हेनरिक नॉर्डब्रांट अपनी एक कविता का समापन करते हुए कहते हैं "और जवान विधवाएँ भूल चुकी हैं कि कैसे उठाते हैं सिर", और रूसी कवयित्री बेला अख़्मादूलिना की एक कविता समाप्त होती है इस पंक्ति से : "बल्कि दुखों के कारण मैं अपना सिर उठाए रखती हूँ ऊपर।"

संसार के भूगोल में छह महाद्वीप हैं। यहाँ उन सभी महाद्वीपों में लिखी जा रही कुछ कविता अनुवाद में संग्रहीत है। एक गणना से पुनर्वसु सातवाँ नक्षत्र है। हम जो खो बैठते हैं वह संपदा कविता एक तरह से हमें पुनर्प्राप्त कराती है। इसलिए वह पुनर्वसु है। पुनर्वसु जुड़वाँ

नक्षत्र है जैसे कविता वागर्थ का मिथुन है। वह चतुर्भुज है: उसके तीन हाथों में सूत्र, वज्र, अंकुश हैं और चौथा हाथ अभय मुद्रा में है। ठीक वैसे ही जैसे अन्ततः कविता संसार में, नश्वर जगत् में मनुष्य को मिला अभय है। पुनर्वसु चर और सुलोचन नक्षत्र है: मनुष्य की यात्रा को दीप्त और सुरक्षित करता हुआ नक्षत्र, जैसा कि, हम जानते हैं, कविता भी करती है। इसीलिए इस संग्रह को हमने पुनर्वसु कहा है।

पंडित जवाहरलाल नेहरू ने एक वरिष्ठ हिंदी कवि की नोटबुक में बरसों पहले लिखा था: "अपने जीवन को एक कविता बनाना चाहिए।" उनकी जन्म शताब्दी के अवसर पर भारत सरकार के सक्रिय और उदार सहयोग से भारत भवन 11 से 17 जनवरी 89 को वागर्थ विश्व कविता समारोह आयोजित कर रहा है। उसमें जो कवि शिरकत कर रहे हैं उनकी कविताओं के हिंदी अनुवाद का यह संचयन इस अवसर पर प्रकाशित हो रहा है। इस संकलन को प्रतिनिधि संकलन कहने पर हमारा आग्रह नहीं है हालाँकि इसमें सारे संसार के अनेक महत्वपूर्ण कवि शामिल हैं। हमने अमरीका से रूसी कवि जोसेफ़ ब्रॉडस्की, सोवियत रूस से इवजेनी इवतेशेंको और आन्द्रे वोज्नेज़ेंस्की, इंगलैण्ड से टेड ह्यूज और टॉम गन, फ्रांस से इव बोनफुआ और एलें बोस्के, ग्रीस से ओडिसियस एलिटिस और यानिस रित्सोज़, चीन से आइ चिङ्, दक्षिण कोरिया से किम ची हा, आयरलैंड से सीमस हीनी, मध्य पूर्व से महमूद दरवेश और समीह अल कासिम, आस्ट्रेलिया से लेस मरे आदि को भी आमंत्रित किया था और विभिन्न कारणों से उनके इस समारोह में न आ पाने के कारण हम उन्हें इस चयन में शामिल नहीं कर पा रहे हैं। यह समारोह न केवल भारत के साहित्य जगत् में अद्वितीय है बल्कि समूचे संसार के स्तर पर भी, क्योंकि शायद ही पहले कभी इतने सारे शीर्षस्थानीय कवि, वह भी छहों महाद्वीपों के, कहीं एकत्र हुए हों। शायद ही पहले कभी हिंदी में "आत्मीय भाषा का यह मृदु आस्वाद" सुलभ हुआ हो: हिंदी की कई पीढ़ियों के सशक्त कवियों ने यह आस्वाद संभव बनाया है जिनके प्रति हम आभार व्यक्त करते हैं। रिल्के ने कवियों को "अदृश्य के मधुसंचयी" कहा था और आज प्रचलित पदावली में उन्हें "समय की घेराबंदी के इतिवृत्तकार" कहा जाएगा। संचय और इतिवृत्त, उग्रता और सपने, स्वर और छबियाँ सभी यहाँ एक साथ हैं। हमें उम्मीद है कि उनके साथ होने का, हिंदी में होने का, और हमारे समय के होने का हमारे लिए गहरा अर्थ है। यह अपने समय की चीख़, पुकार, फुसफुसाहट, ग़प, क़िस्सा, गान, प्रार्थना, आर्तनाद, अट्टहास और निवेदन आदि मानवसंलाप के अनेक रूप सुन पाना और उनमें शामिल हो पाना है। यह पुनर्वसु हमारे पास हमारी अपनी वसुधा ला रहा है: दीप्त, उदग्र, अक्षय और अपराजेय।

पहली जनवरी, 1989
भारत भवन, भोपाल

—अशोक वाजपेयी

क्रम

आक्तोवियो पाज़ (स्पहानी)

निश्चय 23
गली 24
स्पर्श 25
रात की सैर 26
मैथुन 27

चेस्वाव मिवोश (पोलिश)

नदियाँ 35
इसका क्या अर्थ है 37
सफ़ेदी 38
और नहीं 39
समर्पण 40

स्टीफन स्पेण्डर (अंग्रेज़ी)

मेरे माँ-बाप 45
अपनी बेटी के लिए 46
खाली मकान 47
अहम्मन्य 48
कर्ता, कर्म, वाक्य 49

निकानोर पार्रा (स्पहानी)

कल्पित मनुष्य 53
आत्मा को शान्ति मिले 55
प्रेमालाप 56
एक संदिग्ध चरित्र 57
विदाई 58

लियोपोल्ड सेडार सेंगोर (फ़्रांसीसी)

जलराशियों का शोकगीत 61
इकतारे का गीत 65
बाँसुरी गीत 67
एक गिटार-गीत 69

अख़्तरुल ईमान (उर्दू)

सब्ज़ः-ए-बेगाना 73
काले सफ़ेद परों वाला परिंदा और मेरी एक शाम 76
बीते लम्हात 80
नया आहंग 81
एक बात 82

रफाइल अलबर्ती (स्पहानी)

लुई सरनूदा के लिए :
इंग्लैंड में दक्खिनी हवा की तलाश 85
चार्ली की उदास तिथि 87
बुरा क्षण 89
हवा के कहे की गाथा 90
वे चले गये 91

निकेफोरॉस व्रेताक्रॉस (यूनानी)

समाधिलेख 95
बिना तुम्हारे कबूतर 96
चैन 97
वहाँ नहीं है अकेलापन 98
बादाम का वृक्ष 99
अजीब उपस्थिति 100

हरभजन सिंह (पंजाबी)

लड़की हैरान है 103
चिता 104
लहू 106
अकेली पीठ 108
क़त्ल के बाद 110
होर लिखो तुम बानी 111

मिरोस्लाव होलुब (चैक)

शाम 6 बजे के उद्भव पर 115
एक कवि से बातचीत 117
पेड़ों पर बिल्लियों के उगने के बारे में संक्षिप्त चिंतन 118
दाँत 120
एक फेंस के बारे में संक्षिप्त चिंतन 121
विपरीत के उद्भव पर 123

ज़ेब्न्यू हर्बर्त (पोलिश)

कंकर 127
मुर्ग़ी 128
आरामकुर्सियाँ 129
माँ 130
मछली 131

रोबेर्तो हुआरोज (स्पहानी)

शीर्षकहीन पाँच कविताएँ 135

एडोनिस (अरबी)

आईना ख़ालिदा के लिए 143

एलेन गिंसबर्ग (अंग्रेज़ी)

वे दो 149
बड़े दिन का उपहार 150
नेरुदा की मृत्यु पर 151
एक प्रेत आ सकता है 152
मृत्यु में सबसे निकटतम तक नहीं पहुँच सकता 153

वास्को पोपा (सर्बो-क्रोएशियन)

नन्हीं डिबिया का शिल्पी 157
नन्हीं डिबिया के किराएदार 158
विस्मृति 159
गुलाब चोर 160
राख 161
कहानी की कहानी 162

रघुवीर सहाय (हिन्दी)

रामदास 165
नेता क्षमा करें 167
हँसो हँसो जल्दी हँसो 169
बड़ी हो रही है लड़की 171
लोग भूल गये हैं 173
धूप 178

जॉन एशबेरी (अंग्रेज़ी)

कुछ पेड़ 183
नदी 184
अपना प्रेम बताने की कोशिश कभी मत करो 185
पियक्कड़ अमरीकी 187
मृत्यु भय 188

ताद्यूश रोज़ेविच (पोलिश)

शोधन 191
हँसी 193
कौन ग़ैरहाज़िर है 194
कोशिश करती है वो 195
वर्णभ एक कविता का 196

गाब्रियल ओकारा (अंग्रेज़ी)

नए वर्ष की रात 201
पुर-असरार ढोल 202
चुप लड़की 204
चुका हुआ नाम 206
नदी का बुलावा 208

अर्नेस्तो कार्देनाल (स्पहानी)

व्यंग्योक्तियाँ 213
मठ के पीछे 217
मेरिलिन मनरो के लिए प्रार्थना 220

अय्यप्पा पणिक्कर (मलयालम)

हुगली 225
उत्सव 229
एक कविता 231
बाढ़ 232
चोरी 233

फेरेन्त्स यूहाश (हंगरी)

जो लड़का बन गया हिरन
रहस्यद्वार पर रोता है 237

गुंटर कुनेर्ट (जर्मन)

कविता का प्रारब्ध 253
नींद 254
हमारे दफ़न के पुरातत्त्व पर 255
अचानक खुल पड़ी खिड़की 258
स्मृति IV 260

जोवान्नी राबोनी (इटालियन)

सूचना 263
बढ़ई 264
अन्यथा 265
टेबल क्लॉथ 266
ग्रामवासी बेटे के लिए 267

डेनिस ब्रूटस (अंग्रेज़ी)

वक़्त आ गया है 271
हमारी हवा 273
इस रोज़ 274
एक दिवंगत अफ्रीकी के लिए 275
विदा के शब्द 276

हेनरिक नोर्डब्रांट (डेनिश)

सहगान 279
मौत के मुखौटे से 280
गृह-युद्ध 281
माटी का सिर 282
जब हम छोड़ देते हैं
एक-दूसरे को 284

डब्ल्यू.एस. रेण्ड्रा (बहासा)

झुटपुटा 287
हंस गीत 288
एक जेबकतरे की अपनी प्रेमिका को सलाह 299

शुन्तारो तानीकावा (जापानी)

चुम्बन 307
कोई चीज़ 308
कमरे के बारे में 309
मृत्यु और आग 310
'अपने साथी मौन के साथ'-1 311
'अपने साथी मौन के साथ'-2 312

अरुण कोलटकर (मराठी)

तितली 315
पत्थरों का छोटा ढेर 316
यशवंतराव 318
चैतन्य 321
क्या डेंजर हवा चल रही है 322

बेला अख़्मादूलीना (रूसी)

दिसम्बर 327
इतना अधिक समय 329
हुआ यह 330
बस एक मोमबत्ती 332
गूँगापन 333

टोमस ट्रांसट्रोमर (स्वीडिश)

अधूरा स्वर्ग 337
काँचघर 338
जाड़े की एक रात 339
पूर्वराग 340
इतिहास के बारे में 341

शंख घोष (बँगला)

चाबी 345
वृष्टि 346
बुढ़ियों की मंडली 347
शून्य के भीतर ज्वार 348
हुई थी उस दिन वृष्टि 349
समय 350
भीड़ 351

चाङ् ह्यान जाङ् (कोरियाई)

पेड़ का सपना 355
क्या तुम तारे हो ?—कवि के लिए 356
कविता, खाली कविता 357
अंकुरित उल्लास 358
भिखारी और पगला (हान शान के प्रति) 359
प्रेम, जो घुमा रहा है सूर्य और चन्द्र को 360
एक दु:खद इतिहास : एक रूपरेखा 361

रमाकान्त रथ (उड़िया)

अपनी मौत के दिन मैं क्या पहनूँगा ? 365
वार्धक्य 367
स्मृति 369
चाँदनी रात 371
श्री राधा 372

कोफ़ी अवूनोर (अंग्रेज़ी)

बाक़ी 377
रोगशैया पर 378
सब मेरे बन्धु 379
मेरे सपने 380
देवता बीमार 381

हेलमूट त्सेंकर (जर्मन)

नोट 385
पंख 386
विधि क 387
परिवर्तन 388

शू तिङ् (चीनी)

दो मस्तूलों वाली नाव 391

क्रेग रेन (अंग्रेज़ी)

छोटे प्याज़ 395
इन्का 396

नेन्सी मोरेजॉन (स्पहानी)

एक मोहभंग :
रूबेन दारियो के लिए 401
अप्रैल 402
डॉन पाब्लो को अलविदा कहते हुए 403
एक लड़के के लिए 404
मैं प्रेम करती हूँ अपने मालिक से 405

जूडिथ रोड्रीगेज़ (आस्ट्रेलियायी)

अनुष्ठान 411
विदा 412
पानी किनारे घर 413
पड़ोस 414

फिलीप जेकोते (फ्रांसीसी)

बदले हुए चेहरे पर 417
दूर 418
इतने में 419
बोझ पत्थरों का, विचारों का 420
निशांत के ठीक पहले 421

एन्तोनियो जेसिन्तो

ठेका मजूर का खत 425
अलगाव की कविता 428

मेलीह सेवदेत एन्दे (तुर्की)

ट्राय के पहले घोड़े 435

आक्तोवियो पाज़

अंग्रेज़ी से अनुवाद

उदयन वाजपेयी

निश्चय

अगर इस लैम्प से आता सफ़ेद प्रकाश
वास्तविक है, वास्तविक है
वह हाथ जो लिखता है
तो क्या वास्तविक हैं वे आँखें भी
जो देखती हैं वह जो मैं लिखता हूँ

एक शब्द से दूसरे तक जाते
मेरा कहा मिट जाता है।
मैं जानता हूँ कि मैं जीवित हूँ
दो वाक्यांशों के बीच

गली

एक लम्बी और शांत गली
मैं अंधेरे में चलता हूँ, लड़खड़ाकर गिरता हूँ
और उठता हूँ, और चलता हूँ बिना देखे, शांत पत्थरों
और सूखे पत्तों पर पड़ते हैं मेरे पैर
कोई मेरे पीछे चल रहा है, पत्थरों, पत्तों पर पैर रखता
मैं धीमा चलूँ तो वह धीमा चलता है
मैं दौड़ूँ तो वह दौड़ता है, मैं मुड़ता हूँ : कोई नहीं
इन मोड़ों पर और और मुड़ते हुए
जो जाते हैं लगातार गली की ओर
जहाँ कोई नहीं करता मेरा इन्तज़ार, कोई नहीं करता मेरा पीछा
जहाँ मैं पीछा करता हूँ एक आदमी का जो लड़खड़ाता है
और उठता है और जब देखता है मुझे, कहता है : कोई नहीं

स्पर्श

मेरे हाथ
खोलते हैं तुम्हारे होने के परदे
ढँक देते हैं तुम्हें एक और नग्नता में
अनावृत करते हैं देहें तुम्हारी देह की
मेरे हाथ
आविष्कृत करते हैं एक दूसरी देह तुम्हारी देह के लिए

रात की सैर

रात अपनी देह से एक के बाद दूसरा प्रहर निकालती है। हर एक भिन्न, हर एक समारोही। अंगूर, अंजीरें, शांत कालेपन की मीठी बूँदें। फव्वारे : देहें। उजाड़ बाग़ के पत्थरों में हवा पियानो बजाती है। लाइटहाउस अपनी गरदन ऊँची करता है, मुड़ता है, बाहर निकल पड़ता है, चीखता है। विचार से फीके पड़ गये स्फटिक, कोमलता, आमंत्रण : रात, अदृश्य वृक्ष से तोड़ी गयी विराट और चमकीली एक पत्ती जो फैलती है संसार के केन्द्र में।

मोड़ पर, साये : एक लड़की जो तुम्हारे छूते ही बदल जाती है मुरझाई पत्तियों के ढेर में; एक अजनबी जो अपना मुखौटा उतारता है और बेचेहरा बना रहता है, एकटक तुम्हें घूरता है; एक बैले नर्तकी जो घूमती है एक चीख की नोक पर; एक कौन जा रहा है वहाँ ? : एक तुम कौन हो ? : एक कहाँ हूँ मैं ? : एक लड़की जो पत्तियों की सरसराहट-सी चलती है; अनिर्णायक विचार से नष्ट हुआ एक महान स्तम्भ, आकाश में खुलता है दो में विभक्त कविता की तरह। ¨नहीं, इनमें से एक भी नहीं जिसका तुम इंतज़ार करते हो, वह सोयी जो अपने स्वप्न की सिलवटों में तुम्हारा इंतज़ार करती है।

मोड़ पर, वनस्पतियाँ समाप्त और पत्थर शुरू होते हैं। ऐसा कुछ नहीं, कुछ भी नहीं जिसे तुम दे सको रेगिस्तान को, पानी की एक बूँद भी नहीं, खून की एक भी बूँद नहीं। तुम आँखों पर पट्टी बाँधे गुज़रते हो बरामदों से, चौराहों से, गलियों से जहाँ तीन निकृष्ट नक्षत्र षड्यंत्र करते हैं। नदी बोलती है धीरे-से। तुम्हारे बायें, तुम्हारे दायें, आगे, पीछे : फुसफुसाहटें और अट्टहास। तुम्हें हर क़दम पर बाँधता है एकालाप अपने विस्मयों से, अपने प्रश्नचिन्हों से, अपनी उदात्त भावनाओं से, चुंबन के बीच रखी बिन्दियों से, शोकगीतों की अपनी मिलों से, टूटे आईनों के अपने ख़ज़ाने से। चलते जाओ, ऐसा कुछ नहीं जो तुम कह सको अपने आप से।

मैथुन

मेरी आँखें खोज लेती हैं तुम्हें
नग्न
        और ढँक देती हैं तुम्हें
निगाहों की गर्म
बारिश से

आवाज़ों का एक पिंजरा
                खुला
सुबह के लिए
        अधिक श्वेत
तुम्हारी जंघाओं से
            रात में
तुम्हारी हँसी
        और उससे भी अधिक तुम्हारे पत्ते
तुम्हारा चाँद का ब्लाउज़
            जब तुम उछलती हो बिस्तर से।
झीना प्रकाश
        गाती सर्पिलता
चरखियों-सी श्वेत।
            व्यत्यास
स्थित गहरी खाई में

मेरे दिन
            फूटे

तुम्हारी रात में
तुम्हारी चीख
उछलती है टुकड़ों में।
रात
बिछाती है
तुम्हारी देह को
धोते हुए
तुम्हारी देहों के नीचे
बाँध देती है
तुम्हारी देह को फिर से

सीधा खड़ा प्रहर
सूखा
घुमाता है दमकता चाक
चाकुओं की वाटिका
छल का उत्सव
इन प्रतिध्वनियों से होकर
तुम प्रवेश करती हो
अक्षत
मेरे हाथों की नदी में

बुखार से भी तेज़
तुम तैरती हो अंधकार में
तुम्हारी छाया और स्पष्ट
आलिंगनों के बीच
तुम्हारी देह और साँवली
तुम उछलती हो
कैसे कब क्योंकि हाँ की
असंभाव्य बर्फ़गाड़ियों के तट पर
तुम्हारे वस्त्रों को जला देती है तुम्हारी हँसी
तुम्हारी हँसी

भिगो देती है मेरा माथा, मेरी आँख, मेरे तर्क।
तुम्हारी छाया को जला देती है तुम्हारी देह
तुम तैरती हो भय के झूले पर

तुम्हारे बचपन के आतंक
मुझे देखते हैं
टीले पर लटकी तुम्हारी आँखों से
बिल्कुल खुली
प्रेम करते हुए
टीले पर
तुम्हारी देह और स्पष्ट
तुम्हारी छाया और साँवली
तुम हँसती हो अपनी राख पर

निष्कवच सूर्य की लाल शराब-सी जीभ
जीभ जो चाटती है तुम्हारी नींदरहित धरती के ढूह।
केश खुले हुए
चाबुकों की जीभ
उच्चारित जीभें
छोड़ी गयीं तुम्हारी पीठ पर
उलझती
तुम्हारी स्तनों पर
लिखाई जो तुम्हें लिखती है
बदहवास अक्षरों में
तुम्हें नकारती है
कलंकित संकेतों में
वस्त्र जो तुम्हें निर्वस्त्र करते हैं
लिखाई जो तुम्हें पहेलियाँ पहिनाती है
लिखाई जिसमें मैं दफ़्न हूँ,
केश खुले हुए
तुम्हारी देह पर तेज़ी से फिसलती है विराट रात

मर्तबान गर्म शराब का
बिखरा हुआ
कानून की तख़्ती पर
दहाड़ते नग्न और शांत बादल
सर्पों का गुच्छा
गुच्छा अंगूरों का
कुचला हुआ
चन्द्रमा के ठंडे तलवों से
हाथों की बारिश अँगुलियाँ पत्तियाँ हवा
तुम्हारी देह पर
मेरी देह पर तुम्हारी देह पर ।
केश खुले हुए
हड्डियों के वृक्ष की पत्तियाँ
आकाशी जड़ों का वृक्ष जो सूर्य से पीता है रात
हाड़-मांस का वृक्ष मृत्यु का वृक्ष
पिछली रात
तुम्हारे बिस्तर में
तीन थे हम :
चन्द्रमा तुम और मैं
मैं खोलता हूँ
तुम्हारी रात के होंठ
स्निग्ध खोखलें
अजन्मी
प्रतिध्वनियाँ :
सफ़ेदी
तेज़ बहाव
मुक्त जल का

सोना सोना तुम में
या इससे बेहतर जागना
खोलना मेरी आँखें
तुम्हारे केन्द्र में

साँवला श्वेत साँवला

श्वेत
होना अनसोया सूर्य
जिसे तुम्हारी स्मृति जलाती है
(और
तुम्हारी स्मृति में मेरी स्मृति)

और फिर रस आकाश की ओर
चढ़ता है
(सेल्विया तुम्हारा नाम
एक लौ है)
कैशोर्य
चटख रहा है
(चकाचौंध
बर्फ़ की बारिश)
मेरी जीभ
वहाँ है
(तुम्हारा गुलाब
बर्फ़ में सुलगता है)
है
अब
(मैं तुम्हारे काम को मुहरबन्द करता हूँ)
उषा
जोखिम से उत्पन्न।

चेस्वाव मिवोश

अंग्रेज़ी से अनुवाद

चन्द्रकान्त देवताले

नदियाँ

नदियो !
विभिन्न नामों से मैंने सिर्फ़ तुम्हारा ही गुणगान किया है

तुम दूध और शहद और प्रेम और मृत्यु और नृत्य हो

अदृश्य खोह के झरने से, काई चिपकी चट्टानों से रिसती

जहाँ एक देवी घास के मैदान में साफ़ दिखाई देते प्रवाह में
घड़े से ताज़ा जल उँडेलती है
जहाँ कल-कल ध्वनि करते हैं भूमिगत सोते

प्रारंभ होती है तुम्हारी और मेरी प्रजाति और विस्मय और तीव्र गति

निर्वसन, मैंने सूर्य के सम्मुख अपना चेहरा अनावृत किया
बमुश्किल तैरते हुए—

बलूत के जंगलों, खेतों, देवदारु के वन से गुज़रते

हर मोड़ के इर्द-गिर्द पृथ्वी की प्रतिज्ञा थी

देहाती धुआँ, उनींदे चरवाहे, रेतीले कगार पर अबाबीलों की उड़ानें

क़दम-दर-क़दम प्रवेश किया मैंने तुम्हारे जल में

और जल-प्रवाह मेरे घुटनों तक आ गया उस ख़ामोशी में

यह रहा जब तक मैंने आत्मसमर्पण नहीं किया और मैं प्रवाह के साथ
और मैं तैरने लगा एक विजयी दोपहर के विशाल चमकते आकाश में

मध्य-ग्रीष्म रात्रि के प्रारंभ में मैं तुम्हारे किनारे पर था

जब पूरा चाँद निकलता है और चुम्बन-क्रिया में
मिलते हैं होंठ से होंठ

मैं अपने भीतर, पहले की तरह, सुनता हूँ नाव से टकराते
थपेड़ों की आवाज़

और वह फुसफुसाहट, जो मुझे गले से लगाने और सांत्वना के लिए
बुलाती है

हम बजती घंटियों की आवाज़ के साथ सारे जलमग्न शहरों में
नीचे चले जाते हैं

भुला दिए गए, हमारा स्वागत करती हैं मृतकों की प्रार्थनाएँ

जबकि तुम्हारा अन्तहीन प्रवाह निरन्तर आगे और आगे ले जाता है

बाक़ी और न कुछ है, और न ही था, सिर्फ़ क्षण ही शाश्वत है

इसका क्या अर्थ है

यह नहीं जानता कि यह चमकता है
यह नहीं जानता कि यह उड़ता है
यह नहीं जानता कि यह 'यह' है 'वह' नहीं

और अक्सर बारम्बार भौचक
अपनी बुझती हुई सिगरेट के साथ
लाल मदिरा पीते हुए
वह नहीं यह होने के अर्थ पर विचार करता रहता हूँ

बहुत पहले जैसे ही, जब मैं बीस का था
पर तब एक उम्मीद थी, मैं सब कुछ हो जाऊँगा
संभवतः तितली या मैना तक जादू से
अब मैं जिले की धूल भरी सड़कें देखता हूँ
और क़स्बा जहाँ डाकपाल हर रोज़ शराब पीकर
अपना ही प्रतिरूप बने रहने के लिए उदास रहता है

यदि केवल नक्षत्र मुझे अपने में समो लेते
यदि हर चीज़ इसी तरह होती रहती
कि तथाकथित दुनिया तथाकथित देह का विरोध करती
काश ! मैं कम-से-कम परस्पर विरोधी नहीं होता

सफ़ेदी

सफ़ेद, सफ़ेद, सफ़ेद, सफ़ेद शहर जिसमें
निरन्तर भटकते राशि-चक्रों की छाया में जन्मी औरतें
रोटी और सब्ज़ियाँ ले जाती हैं
झरनों के जबड़े हरे सूर्य पर पानी की फुहारें छोड़ते हैं
जैसा बहुत पहले वैवाहिक रस्मों के दौरान, ठंडी भोर में टहलते
बस्ती के एक छोर से दूसरे पर फेंका जाता था
किसी स्कूली बच्चे के कमरबंद का बकसुआ गहरी मिट्टी में कहीं
पड़ा है
तहख़ाने और ताबूत काले बेरी के रस्से से बँधे हैं
स्पर्श की अनुभूतियाँ, बारम्बार नई शुरूआतें,
न कोई जानकारी न कोई यादें सही साबित हुईं
गूँगा हो जाने के बाद एक सकुचाते राहगीर की तरह
मैं बाज़ार की सड़क से गुज़रता हूँ
विजेताओं के खेमों में उफन रहा है जलती मोमबत्तियों का मोम
गुस्सा विदा ले चुका है मुझसे और मेरी ज़ुबान पर
जाड़े के सेबों का कड़ुआ स्वाद है
राख से उठकर दो बंजारनें एक छोटा ढोल बजाती हैं
और नाचती हैं मनुष्य के अमरत्त्व के लिए
बसे हुए अथवा उजाड़ आसमान में (किसी को परवाह नहीं)
सिर्फ़ कबूतर हैं और प्रतिध्वनियाँ
बहुत मुखर है मेरा विलाप, क्योंकि मेरा विश्वास था
कि शाश्वत है हताशा और प्रेम शाश्वत है
यह सफ़ेद शहर जो कुछ नहीं माँगता, कुछ नहीं
जानता, कोई नाम तक नहीं इसका पर यह था
और हमेशा रहेगा

और नहीं

मुझे लगता है कि मैं कभी बताऊँ कैसे
मेरे विचार बदले कविता के बारे में
और यह कैसे हुआ कि मैं आज अपने को
पुराने जापान के कई सौदागरों और दस्तकारों में से एक
समझने लगा जो कविता सँजोया करते थे
पुष्पित चेरी, गुलदाउदी और चाँद के बारे में

काश मैं वेनिस की गणिकाओं का बयान कर सकता
प्रासाद के छज्जे पर जिस तरह टहनी से छेड़तीं वे मोर को
और कमख़ाब, मेखला के मोतियों के बाहर मुक्त रखतीं
अपने भारी स्तनों को और वह रक्ताभ वैभव
जहाँ वस्त्रों पर बटन के दबाव से उभरता उदर
देता ऐसा साफ़ दिखाई जैसे सुबह धरती पर उतरते ही
दिखे जहाज के कप्तान को सोने से लदा जहाज़
और यदि मैं चिपचिपे पानी से भिड़े दरवाज़ोंवाले
क़ब्रिस्तान में पड़ी उनकी अभागी हड्डियों के लिए
उनके आख़िरी इस्तेमाल किए गए कंधे से बेहतर सांत्वना
का शब्द ढूँढ पाता, अकेला जो रोशनी के
इन्तज़ार में क़ब्र के पत्थर नीचे सड़ रहा है

तो मैं संदेह नहीं करता, उदासीन चीज़ों से
क्या हासिल हो सकता ? कुछ नहीं, अधिक से अधिक सौंदर्य
और इसीलिए पुष्पित चेरी काफी हैं हमारे लिए
और गुलदाउदी और पूरा चाँद

समर्पण

तुम जिसे मैं बचा नहीं सका
मुझ पर ध्यान दो
समझने की कोशिश करो मेरी इस आसान-सी बात को
क्योंकि कुछ और से मैं शर्मिन्दा ही होऊँगा

मैं क़सम खाता हूँ, मेरे पास कोई करिश्मा नहीं है शब्दों का
मैं तुमसे बादल या दरख़्त की चुप्पी के साथ बात कर रहा हूँ

जो मेरे लिए संजीवनी था तुम्हारे लिए जानलेवा साबित हुआ
तुमने युगान्तर की विदाई को नए युग की शुरूआत के साथ
मिला दिया
घृणा की प्रेरणा को गीतात्मक सौन्दर्य के साथ
अंधी ताक़तों को निष्णात व्यवस्था के साथ

देखो यह पोलैंड की उथली नदियों की घाटी है
और यह विशाल पुल आगे जाकर
सफ़ेद धुन्ध में समा जाता है, यह एक तहस-नहस शहर है
और इस वक़्त जब मैं तुमसे बात कर रहा हूँ
तुम्हारी कब्र पर जलपाखियों की चीखें बरसा रही हैं हवा

वह कैसी कविता है जो
राष्ट्रों और जनता की रक्षा नहीं करती ?
सरकारी झूठ से साँठगाँठ
पियक्कड़ों का गाना—अगले ही क्षण काट दी जाएँगी जिनकी ज़ुबानें
मासूम लड़कियों के पढ़ने की चीज़

अनजाने ही में चाहता था मैं बेहतर कविता
जो बहुत बाद में जान पाया, उसका बहुजनहिताय चरित्र
इसमें और सिर्फ़ इसी में खोज सका मैं मुक्ति

चिड़ियों के रूप में आनेवाली आत्माओं के लिए
वे लोग कब्रों पर बाजरे या पोश्त के दाने डालते थे
तुम जो कभी जीवित थे तुम्हारे लिए यह किताब
यहीं छोड़ता हूँ मैं
ताकि तुम्हें भविष्य में हमसे मिलने न आना पड़े

स्टीफन स्पेण्डर

अंग्रेज़ी से अनुवाद

रमेशचन्द्र शाह

मेरे माँ-बाप

मेरे माँ-बाप मुझे बचाते थे उन बच्चों से जो होते थे उजड्ड
जो फेंकते थे शब्दों को ढेलों की तरह और फटे कपड़े पहनते थे
दिखती थीं टाँगें जिनकी दौड़ते हुए गलियों में चिथड़ों के भीतर से
चढ़ते हुए चट्टानों पर और नहाते नदी-पोखर में।

बाघ से भी ज्यादा डर लगता था मुझे उनकी लोहे की भुजाओं से,
झकझोरते हाथों से, और मेरी बाँहों में गड़ते उनके घुटनों से
डरता था मैं उन लड़कों के तीखे और फूहड़ इशारों से
उड़ाते थे नक़ल राह चलते वे मेरी तुतलाहट की।

बेहद फुरतीले वे झाड़ियों के पीछे से झपटते थे कुत्तों-से
भौंकने मेरे संसार पर। फेंकते थे कीचड़ वे
आँख बचाकर मेरी, करता था मैं स्वाँग मुस्कुराने का।
चाहता था उन्हें माफ़ करना मैं, लेकिन वे कभी मुस्कुराए नहीं।

अपनी बेटी के लिए

टहल रहे हम साथ आज; मैं, मेरी बिटिया
कितनी उजली पकड़ हाथ की उसके पूरे
मेरी इस उँगली पर ।

आजीवन आलोक-वलय यह
इस हड्डी के गिर्द करूँगा अनुभव मैं, जब
हो जाएगी बड़ी—आज से दूर, कि जैसे
दूर देखती आँखें उसकी अभी, आज ही ।

ख़ाली मकान

फिर, जब बच्चा जा चुका था
मैं अकेला था
उस घर में, जो अचानक फैलकर विराट हो गया था
हर आवाज बता रही थी अपना पता
जानवर, पेड़-पौधे, या खनिज
कील, चरमराता तख़्ता या चूहा
मगर, कुल मिलाकर सन्नाटा लड़ाई के बाद का
इर्दगिर्द कमरे के, जहाँ बिखरे थे
सिपाही, और रंग के डिब्बे, खिलौने सारे के सारे।

फिर, जब मैं गया चीज़ों को समेटने
मेरे हाथों ने इनकार कर दिया काम करने से
मेरा शरीर है यह मकान
हर खिलौना उसका हुआ : एक स्नायु।

अहम्मन्य

एक है वह भी
इन ख़ाकी मैदानों में बहुतायत से मिलनेवाली
इन्सानी मशीनों में से।
यहाँ और अभी बना हाड़-मांस
इन्द्रियाँ
लदी-फँदी समूची बाहरी दुनिया से।

और अगर वह चल बसे
दुनिया उड़ जाएगी
क़यामत के दिन, अभी
आसमान के छोरो तक
जिसका है रंग उसकी आँखों का रंग ही :

जागते हुए हर सुबह, सोचता है वह
"होने दो उजाला"। और होता है वैसा ही
क्योंकि वह है;

सोते हुए हर रात, चला जाता है वह
एक अन्धे ताबूत के भीतर

जहाँ समूची बाहरी दुनिया
—मिट्टी, हवा, पानी और आग
वह सब जो विकराल है अपनी बुभुक्षा में
साबित कर देता है होना इस मशीन का।

कर्ता, कर्म, वाक्य

कर्ता ने सोचा : क्योंकि उसके पास एक क्रिया है
अनेक कर्मोंवाली, इसलिए राजा है वह पूरे वाक्य का।
स्वयं व्याकरण ने ही क्या नहीं कर दी थीं ये संज्ञाएँ उसके नाम?
क्या नहीं था वही उसका सच्चा उत्तराधिकारी?

कर्ता के कर्म थे—सुरा, सुन्दरी, यश और संपत्ति।
और एक आश्रित वाक्यांश—'जो कुछ भी जीवन दे सकता है'
इन सब वस्तुओं को पास रखने से उसका लगाव इतना बढ़ा
कि अन्ततः उसने पाया वह तो व्यक्तिनिष्ठ हुआ जा रहा है

'कर्ता',कोश ने उसे चेताया—अर्थात्, 'वह जो अनुशासित होता है
व्यक्ति या वस्तु से'। तो क्या वह दास नहीं हो गया 'पास रखने' का?
तटस्थल की उपलब्धि के लिए, उसे होना होगा कर्मवाचक
अर्थात् छुड़ाना होगा अपने आप को स्वामी बनने की क्रिया से।

तटस्थता की खोज में उसने परखा अपने वाक्य के आस-पास के
समूचे सन्दर्भ को, ताकि रख सके उसे एक समुचित परिप्रेक्ष्य में :
व्याख्या की उसने, और आलोचनात्मक विश्लेषण,
और तब फिर से पढ़ा उसे —अपने को अधिक वस्तुनिष्ठ अनुभव करते हुए

तब अचानक एक झटके के साथ पता चला उसे कि यह 'वाक्य' तो
कर्ता-कर्म की भाँति ही मायावी और दोहरे अर्थवाला है।
वाक्य तो अभिशप्त है जैसा निकला, वैसा बने रहने को
जैसे 'आजीवन कारावास' अथवा 'प्राणदण्ड' सरीखे ब्रह्मवाक्यों में, उदाहरणार्थ।

निकानोर पार्रा

अंग्रेज़ी से अनुवाद

मदन सोनी

कल्पित मनुष्य

वह कल्पित मनुष्य
रहता है एक कल्पित हवेली में
कल्पित वृक्षों से घिरे
किनारे नदी के जिसकी सिर्फ़ कल्पना की जा सकती है

उसकी कल्पित दीवारों पर
हैं प्राचीन कल्पित कलाकृतियाँ
अपूरणीय कल्पित दरारें
करती प्रतिनिधित्व कल्पित कृत्यों का
घटते कल्पित दुनिया में
कल्पित देश-काल में

हर अपराह्न—कल्पित अपराह्न
वह चढ़ता है कल्पित सीढ़ियाँ
और पहुँचता है एक कल्पित छज्जे पर
देखता है एक कल्पित भूदृश्य
समोये हुए एक कल्पित उपत्यका
उन पहाड़ियों से घिरी जिनकी सिर्फ़ कल्पना की जा सकती है

कल्पित आत्माएँ
आती हैं एक कल्पित सड़क से
गाती हुई कल्पित गीत
एक कल्पित मनुष्य की मृत्यु के बारे में

और आलोक में एक चन्द्रमा के जिसकी सिर्फ कल्पना की जा सकती है
वह देखता है स्वप्न एक कल्पित स्त्री का
जो पीती है अपने कल्पित प्रेम के नाम सलामती का जाम

वह फिर अनुभव करता है वही पुराना दर्द
वही कल्पित आनन्द
और कल्पित मनुष्य का हृदय
धड़कने लगता है फिर से

आत्मा को शान्ति मिले

माना कि आत्मा को शान्ति मिली
लेकिन क्या किया जाय इस सीलन का ?
                    और इस काई का ?
                        और क़ब्र के पत्थर के इस बोझ का ?
और इन पियक्कड़ कबरबिज्जुओं का ?
और गुलदस्ते उड़ा ले जानेवाले लोगों का ?
और ताबूत कुतरते चूहों का ?
और घिनौने केंचुए
हर कहीं रेंगते
ये हमारा मरना मुश्किल कर देते हैं
या आप वाक़ई सोचते हैं
कि जो हो रहा है हमें उसका पता नहीं···

कहने-भर के लिए आपको यह अच्छा है कि आत्मा को शान्ति मिली
जबकि इस नर्क को आप भली-भाँति जानते हैं यह असंभव है
आप सिर्फ़ गाल बजा रहे हैं

ख़ैर आपकी सूचना के लिए
हमें मालूम है कि क्या हो रहा है
मकड़ियाँ दौड़ रही हैं हमारे पैरों पर
यह अच्छी तरह जान लो

हम क्रेप को काट दें
जबकि आप खड़े हैं नितान्त खुली हुई क़ब्र में
यह समय है कि साफ़-साफ़ कहा जाय :
आप अपने दुखों को डुबा सकते हैं जागृति में
हम अटके हुए हैं इस नर्क की तलछट में

प्रेमालाप

—एक घंटा हो चुका है हमें यहाँ आये
लेकिन तुम हमेशा वही पुराना जवाब लेकर आते हो
पागल करना चाहते हो तुम मुझे अपने चुटकुलों से
लेकिन वे मुझे याद हो चुके हैं
तुम्हें मेरा मुँह पसंद नहीं ? तुम्हें मेरी आँखें पसंद नहीं ?
—बिलकुल, मुझे पसंद हैं तुम्हारी आँखें ।
—तब तुम उन्हें चूमते क्यों नहीं ?
—मैं उन्हें चूमने ही जा रहा हूँ !
—तुम्हें मेरी जाँघें या मेरे स्तन पसंद नहीं ?
—क्या मतलब, मुझे तुम्हारे स्तन पसंद नहीं !
—तब तुम प्रगट क्यों नहीं करते ऐसा ?
जब तक मौका है, इन्हें छुओ ।
—मुझे यह पसंद नहीं कि तुम मुझे ऐसा करने को कहो ।
—फिर मेरे कपड़े क्यों उतरवाये तुमने ?
—मैंने तुमसे कपड़े उतारने को नहीं कहा था
तुम खुद चाहती थीं इसलिए तुमने उतारे :
ख़ैर इसके पहले कि तुम्हारा घरवाला लौटे इन्हें पहन लो
बकवास बंद करो और फुर्ती से कपड़े पहनो
इसके पहले कि तुम्हारा घरवाला घर लौटे ।

एक संदिग्ध चरित्र

एक भूल-भूलैया में विचरता वह
पहली नज़र में कीड़े जैसा दिखता है

वह बोलता है और बोलता है और बोलता जाता है
अपने वाक्-तन्तुओं के ढीला पड़ जाने तक

उसकी भौंहें सिकुड़ती ही चली जाती हैं

आत्मदाह के बदले हस्तमैथुन

एक गुलूबन्द है उसके पास उधार का
वह कॉपियाँ नहीं जाँचता
और ढेरों अंक दे देता है विद्यार्थियों को
जब तक कि वे उसे ऐसा करते पकड़ न लें

पचास की उम्र में सुन्नत
वह छींकता और खँखारता है अपने रूमाल में
वह अंधाधुंध मुद्राएँ बनाता है
विज्ञान ग्रन्थों का अनुवादक
तलाक़ लेता है
फिर से शादी करता है
हस्तमैथुन कुछ समय को बंद
डर कि कोई देखता है
खुली जगह का डर बन्द जगह का
खो देता है गन्ध संवेदन
देखता है स्वप्न रहस्योद्घाटनों के
वह अपनी बाँहें पसारता है एक संकेत सम्पूर्ण पराजय का

विदाई

जाने का समय हो चुका है
मैं सभी का कृतज्ञ हूँ—
जितना अपने मेहरबान दोस्तों का
उतना ही उन्मादी दुश्मनों का।
वे अविस्मरणीय पुण्यात्मा!
नर्क
क्या हुआ अगर मैंने हासिल नहीं किया
लगभग सार्वभौम विद्वेष!
मुझ पर टूट पड़ने के लिए सड़क पर दौड़ते
सुखी कुत्तो भगवान तुम्हारा भला करे!

दुनिया के महानतम आनन्द के साथ
मैं तुम्हें विदाई के लिए आमन्त्रित करता हूँ।

धन्यवाद और धन्यवाद
ठीक है कि मैं रो रहा हूँ
हम कभी फिर मिलेंगे
समुद्र पर इस या उस ज़मीन पर
अपना ध्यान रखो   मुझे दो शब्द लिख भेजना
रोटियाँ सेंके जाओ
जारी रखो मकड़जालों का बुनना
मैं कामना करता हूँ तुम्हारी सेहत की समृद्धि की
और उन दिनों की जब तुम इनका आनन्द ले सको
सरू के इन दरख़्तों की
मूढ़ शिखाओं के बीच
मैं मुँह बाये प्रतीक्षा करता हूँ

लियोपोल्ड सेडार सेंगोर

अंग्रेज़ी से अनुवाद

रमेश दवे

जलराशियों का शोकगीत

तुम ग्रीष्म, अभी भी ग्रीष्म
बचपन के साम्राज्य का ग्रीष्म
भिनसार को बेधता
ईडन-प्रात
एक चमकदार शान
दोपहर के शून्य में
उड़ती चील के डैनों की तरह हवा में स्थिर,

ग्रीष्म सन्नाटों का
देवताओं की ईर्ष्यालु आँखों के नीचे
गुस्से से उफनता
हमारी क़िस्मत पर आरूढ़ बोझ की तरह
हमारे वक़्त के डायल पर
गहरे, बहुत गहरे तक कटे हुए,
उद्दण्ड/घमण्डी शहर
ठुनठुनाते निराश आसमानों के नीचे
जकड़े हुए, ज़हरीली रोशनियों से,
नदियाँ लग रहीं—
साधनहीन, स्रोतहीन
पारदर्शी छज्जों पर
न एक जाम शराब
न एक गिलास पानी
प्यास एक मासूमियत
बुझती जो पानी से,

आग ! आग ! शिकागो की तपती-जलती दीवारें
आग ! आग ! गोमोरा की झुलसती दीवारें
मास्को की आग–
जिनका होता नहीं कोई ईश्वर
ईश्वर होता उन्हीं के लिए–
वे कुचलते नहीं शब्द अपने, प्रार्थनाओं में,

अरे हाँ ! बर्फ़, एस्किमो लोगों का दिव्य भोजन
तुम इन ब्रह्मचारी जंगलों की भौंहों पर
उठाते ठण्डे हाथों से चक्रवात
क्या पश्चिम, क्या पूरब
आगे कई लोग और
सोये हैं रेत पर
दौड़कों ने उतार फेंकी हैं
नगीने-जड़ी गल-हँसलियाँ
मिस्र का दाढ़ीवाला देवता फेरो
हाथ में मोज़ेज़ की छड़ी
कह रहा–
हे भगवान ! दया कर उन दस न्यायप्रिय लोगों पर
चीन पर दया कर
एक बच्चे की तरह कर रहा इतनी बड़ी प्रार्थना,
अपने आप पर दया कर
खिल उठते शब्द उस सुरीले कण्ठ में
जैसे मई के आगमन पर
सज उठा हो सारा बगीचा
मैं पुकार रहा तुम्हें
पवित्र **तीसरे दिन** की जलराशियो
पुकार रहा–
उस जलधारा को जो कर रही कल-कल
ऊँचे पहाड़ों से बहता साफ़-झक्क पानी
बर्फ़ का जल,
धुआँधार बारिश का जल

पहाड़ी झरनों का जल
सदाचार का जल
लेकिन तुम, दया के जल
मैं आ रहा मिलने तुमसे
अपने शाश्वत करुण राग की लय के साथ

महान नदी और उत्ताल-विराट समुद्र के पानी !
तुम सूरज, तुम चाँद
उलटी बहती धाराओं के पानी की एकरूपता के रखवाले
प्रायश्चित के ओ चमकीले पानी
मैं खाता तरस तुम पर
रात को अपने ही विलोम में घुल जाने दो
मृत्यु को ज़िन्दगी की तरह
फिर जन्म लेने दो, सुबह के चमचमाते हीरे की तरह,
जैसे मन रहा हो सुन्नत का कोई जश्न
और रात सूर्य का अयालदार परदा उठाती
तब तमाम अपवित्र कहे जानेवाले जल
नाम धारण करके हो जाते पवित्र
कीचड़युक्त मटमैला पानी
डबरों का गंदा पानी
महानगरों का बदबूभरा पानी
जिनमें तिलमिलाते हज़ारों दुख, हज़ारों खुशियां, हज़ारों आशाएं
और हज़ारों गर्भपात की तरह गिरे स्वप्न,
बहो, पानी बहो,
समुद्र की तरफ़ दौड़कर बहो
अपना नमक छाँटो
दूर तक फैले प्रायश्चित-मग्न पानी
बहो, पानी बहो !

हे भगवान !
तुमने बनाया मुझे एक भाषा का मालिक
एक सौदागर का बेटा
अदना, सिलेटी रंग का, पैदायश से

मेरी माँ तक
पुकारती मुझे शर्म कहकर
मेरे कारण हो गया दिन का सौन्दर्य बदशकल : कहते लोग :
एक अन्यायपूर्ण फ़ैसला दिया तुमने
आ गई जिससे बोलने की ताक़त मुझमें
हे भगवान ! सुनो मेरी आवाज़
बरसने दो बादल, बरसने दो,
यह क्या
पानी बरस रहा और
तुमने अपनी खुली तड़ित्-भुजाओं से
बहा दिये चश्मे क्षमा के !
न्यूयार्क पर वर्षा
नदियोगोवर और नदियालाखर पर वर्षा
मास्को और पोम्पिदू पर वर्षा
पेरिस और उसके आस-पास वर्षा
मेलबोर्न, मेसिना और मोरज़िमा पर वर्षा
भारत पर वर्षा
चीन पर वर्षा,
डूब मरे चालीस लाख चीनी
बच गये एक सौ बीस लाख चीनी
बरसात सहृदय भी, दुष्ट भी
सहारा और मध्य-पश्चिम पर वर्षा
रेगिस्तानों पर वर्षा
गेहूँ और धान के खेतों पर वर्षा
घास और ऊन के
गुम्बददार ढेरों पर वर्षा,
हो गया जीवन का पुनर्जन्म
रंग और रूप उसका
कोई भी हो

इकतारे का गीत

मेरी बहना !
रात के प्यारे हाथ सहलाते जब पलकें
तो समझ लो कोई लहराता संगीत
पहेली की तरह
उलझा रहा है तुम्हें !

अरे ! यह संगीत किसी जंगली भैंसे की
भद्दी आवाज़ की तरह नहीं
न मातमी धुन बजाते ढोलों के मोटे-घप्प चमड़ों की आवाज़ जैसा
न ही किसी नृत्यांगना के झनझनाते
घुँघरुओं की फैलती ध्वनि,
न ओखली में चलती मूसल की भारी धस्स-धस्स
जो चौंका देती नींद में,
न सड़क पर रेंकते
आवारा छोकरों का बेसुरा राग !

अरे ! यह तो उसके कोमल क़दमों की
आहट से बजता बेलाफांग या झिलोफोन है
या दूधिया पंछियों की चहचहाहट !
यह संगीत है इकतारे के तार का
ऊँची, गहरी, मीठी झनझनाहट का;
और थिरकती देह के साथ
बहते गीतों का,
यह उस श्वेत शुतुरमुर्ग-महारानी के कण्ठ से फूटी

स्वरलहरी गूँज रही चारों तरफ;
और तुम जानती हो उस
स्वर-साम्राज्ञी को
जो अपने संगीतात्मक स्पर्श से
बना देती है तुम्हारी पलकें पारदर्शी
मैंने उसे नाम दिया है—
'सिगा के अरफांग की बेटी'
अर्थात् इकतारे की कन्या
लहराती तर्जनी की तरह
और लगता
गा उठे हैं जंगल, पहाड़, नदी, जानवर
सबके सब !

बाँसुरी-गीत

मेरे अंधेरों की पलकों को
तुम्हारी रोशनीवाले हाथों ने प्यार से सहलाया
और मेरी कांगो नदी पर छाये
गीले कोहरे के बीच
तुम्हारी मुस्कान झिलमिला उठी सूरज की तरह !
भोर-पंछियों के कुँआरे गीतों से
गूँज उठा मेरे मन का कोना-कोना
जैसे ठहर गया हो कुछ देर के लिए
मेरे रक्त का बहाव
जैसे कभी सुदूर गीतों का रस साफ़ और मधुर
मेरी भुजाओं की शाखों में
भर देता था स्फूर्ति।
और झूमती टहनियों की तरह
झूम उठती थीं भुजाएँ !
मेरे बालों के झुरमुट में देखो
पुष्पों के खिलते कुंज
और देखो, खिलाड़ी चरवाहे के माथे पर
सेहरे की तरह बँधा फूलदार पट्टा।
यह सब देखकर
मैं उठा लूँगा अपनी बाँसुरी
और बाँसुरी के गीत की लय पर
थिरक उठेंगे लोग तो क्या
धीमें-धीमें चलतीं ये भेड़ें भी !
और 'फिमला' के झरने की कल-कल के पास

तुम्हारी पलकों की छाया तले
बैठा निहारता रहूँगा दिन-भर
अलसी के लहराते खेत
और तुम्हारी भेड़ों के झुण्ड !
आज की सुबह तुमने
अपने चमकीले प्यार भरे हाथों से मेरी पलकों को
छुआ क्या—
मुझे लगता है कि भोर के पंछियों का
कुँआरा गीत गूँज रहा है मेरे अन्दर
दिन-भर
दिन-भर
बाँसुरी, यानी पलकों को सहलाता
एक रोशनीदार हाथ, प्यार का।

एक गिटार-गीत

तुम्हारी मीठी धुन के साथ
मैं खिंचता चला आया इतनी दूर
गाँव के खलिहान तक
रात के द्वार तक।
तुम्हारी स्वर्णिम मुस्कान की पहेली
बूझने के लिए शब्द नहीं पास मेरे,
सितारों की झिलमिल रोशनी
क्षण-भर, तैर जाती तुम्हारे चेहरे पर
लगता जैसे किसी दैवी प्यार की चमक
उतरी हो चेहरे पर!
उस ऊँची पहाड़ी से
जहाँ रोशनी करती है विश्राम
मैंने देखा,
तुम्हारे चमकीले कपड़ों की चमक मटमैली होती
और तुम्हारे बालों का जूड़ा खुलते
जैसे चावल के खेतों की छायातले
टपक पड़ा हो सूरज!
उसी वक़्त घेर लेतीं चिन्ताएँ मुझे
पुरखों के डर, तेंदुओं से कहीं ज़्यादा चालाक
दिन का क्षितिज हो चमकीला कितना भी
मगर डर निकल नहीं पाता दिमाग़ से
और लगता
क्या हो गई है रात हमेशा के लिए?
और बिछड़ गए हम कभी न मिलने के लिए?

मैं इस मातृवत् धरती के
खाली चक्राकार में
बहाऊँगा काले आँसू
सो जाऊँगा अपने आँसुओं के मौन में
और सोया रहूँगा तब तक
जब तक तुम्हारी झंकार का तार
दूधिया सवेरे के साथ
माथे पर टाँक नहीं देता
तुम्हारा मीठा चुंबन !

खलम, बाँसुरी, रिति, बेलाफांग, तमा और गौरांग—ये कुछ अफ्रीकी वाद्य हैं। सेंघोर ने इन वाद्यों पर अधिकांश गीत अपने कविता-संग्रह **नाक्चर्न्स** में लिखे हैं। इनमें से तीन गीत यहाँ दिए गये हैं।

अख़्तरुल ईमान

लिप्यंतर

फ़ज़ल ताबिश

सब्ज़:-ए-बेगाना

इसब, नसब है न तारीख़ो-जाए पैदाइश,
कहाँ से आया था, मज़हब न वल्दियत मालूम,
मक़ामी छोटे से ख़ैराती अस्पताल में वह
कहीं से लाया गया था वहाँ ये है मरक़ूम
मरीज़ रातों को चिल्लाता है 'मेरे अंदर
असीर ज़ख़्मी परिंदा है इक निकालो इसे,
गुलू गिरफ़्ता है, यह हब्स-दम है, ख़ाइफ़ है,
सितमरसीदा है, मज़लूम है, बचा लो इसे'
मरीज़ चीख़ता है, दर्द से कराहता है
यह वेतनाम, कभी डॉमनिकन, कभी कश्मीर,
ज़रे-कसीर, स्याह क़ौमें, ख़ाम मा'दिनीयात
कसीफ़ तेल् के चश्मे, अवाम, इस्तेहसाल,
ज़मीं की मौत, बहाइम, फ़ज़ाई जंग, सितम,
इजारादारी, सुबुकगाम-दिलरुबा, अत्फ़ाल,
सुरूदो नग़मा, अदब, शेर, अम्न, बरबादी
जनाज़ा इश्क़ का, दफ़ की सदाएँ, मुर्दा ख़याल,
तरक़्क़ी, इल्म के गहवारे, रूह का मदफ़न,
ख़ुदा का क़त्ल, अयाँ ज़ेरे-नाफ़ ज़ोह्रा जमाल
तमाम रात यह बे-रब्त बातें करता है
मरीज़ सख़्त परेशानी का सबब है यहाँ
ग़रज़ कि जो था, शिकायत का एक दफ़्तर था
नतीजा यह है उसी रोज़ मुन्तक़िल करके
उसे, इक और शिफ़ाख़ाने को रवाना किया,
सुना गया है वहाँ नफ़्सीयात के माहिर

तबीबे-हाज़िको-नब्बाज़, डाक्टर कितने
तलब किए गए और सबने इत्तिफ़ाक़ किया
यह कोई ज़ेह्नी मरज़ है, मरीज़ ने शायद
कभी परिंदा कोई पाला होगा लेकिन वह
अदम तवज्जोही या इत्तिफ़ाक़ से यूँ ही
बेचारा मर गया, इस मौत का असर है यह,
अजीब चीज़ है तहतु-शऊर इंसाँ का
यह और कुछ नहीं एहसासे-जुर्म है जिसने
दिलो-दिमाग पे कब्ज़ा किया है इस दर्जा,
मरीज़ क़ातिलो-मुजरिम समझता है ख़ुद को
किसी की राय थी, पसमाँदा क़ौम का इक फ़र्द
मरीज़ होगा, इसी वास्ते स्याह क़ौमें,
ग़रीब के लिए इक टेबू बन गईं अफ़्सोस,
कोई ये कहता था यह अस्ल में है हुब्बे-वतन,
मरीज़ चाहता था, हम कफ़ील हों अपने,
किसी भी क़ौम के आगे न हाथ फैलाएँ
यहीं पे तेल के चश्मे हैं वह करें दरयाफ़्त
गुमान कुछ को था यह शख़्स कोई शाइर है
जो चाहता था जहाँगर्दी में गुज़ारे वक़्त
हसीन औरतें माइल हों लुत्फ़ो-ऐश रहे
क़लम के ज़ोर पे शोहरत मिले ज़माने में
ज़रे-कसीर भी हाथ आए इस बहाने से
मगर ग़रीब की सब कोशिशें गईं नाकाम
शकिस्ते-पेहमो-एहसासे-ना-रसाई ने
यह हाल कर दिया, मजरूह हो गए आसाब
ग़रज़ कि नुक़्तारसी में गुज़र गया सब वक़्त
वह चीख़ता ही रहा दर्द की दवा न मिली
नशिस्त बाद नशिस्त और मुआएने शबो-रोज़
इन्हीं में वक़्त गुज़रता गया शिफ़ा न मिली
फिर एक शाम वहाँ सुर्मः-दरगुलू आई
जो उसके वास्ते गोया तबीबे-हाज़िक़ थी
किसी ने फिर न सुनी दर्द से भरी आवाज़
कराहता था जो ख़ामोश हो गया वह साज़

बरस गुज़र गए इस वाक़ए को माज़ी के
अँधेरी गोद ने कब का छुपा लिया उसको
मगर सुना है शिफ़ाख़ाने के दरो-दीवार
वो गर्दो-पेश जहाँ से कभी वह गुज़रा था
ख़राबे, बस्तियाँ, जंगल, उजाड़ राहगुज़ार
उसी की चीख़ को दोहराए जा रहे हैं अभी
'कोई मदावा करे ज़ालिमो मिरे अंदर
असीर ज़ख़्मी परिंदा है इक निकालो इसे
गुलू-गिरफ़्ता है, यह हब्स-दम है ख़ाइफ़ है
सितमरसीदा है मज़लूम है बचालो इसे'

काले सफ़ेद परोंवाला परिंदा और मेरी एक शाम

जब दिन ढल जाता है सूरज धरती की ओट में हो जाता है
और भिड़ों के छत्ते जैसी भिन-भिन
बाज़ारों की गर्मी, अफ़रा-तफ़री,
मोटर, बस, बर्क़ी रेलों का हंगामा थम जाता है
चायख़ानों, नाचघरों से कमसिन लड़के
अपने हमसिन माशूक़ों को
जिनकी जिंसी ख़्वाहिश वक़्त से पहले जाग उठी है
लेकर जा चुकते हैं
बढ़ती फैलती ऊँची हिमालय जैसी तामीरों पर ख़ामोशी छा जाती है
थियेटर, तफ़्रीहगाहों में ताले पड़ जाते हैं
और बज़ाहिर दुनिया सो जाती है
मैं अपने कमरे में बैठा सोचा करता हूँ
कुत्तों की दुम टेढ़ी क्यों होती है ?

यह चितकबरी दुनिया, जिसका कोई भी किरदार नहीं है
कोई फ़लसफ़ा कोई पाइंदा इक़दार नहीं, मैयार नहीं है
इस पर अह्ले-दानिश, विद्वान, फ़लसफ़ी
मोटी-मोटी अदक़ किताबें क्यूँ लिख्खा करते हैं ?
'फ़ुरक़त' की माँ ने शौहर के मरने पर कितना कुहराम मचाया था
लेकिन इद्दत के दिन पूरे होने से इक हफ़्ता पहले
'नीलम' के मामूँ के साथ बदायूँ जा पहुँची थी
बीवी सहनक, कूंडे, फ़ातहाख़्वानी

जंगे-सिफ़्फ़िन, जमल और बदर के क़िस्सों
सीरते-नब्वी, तर्के-दुनिया और मौलवी साहब के
हलवे-मांडे में क्या रिश्ता है

दिन तो उड़ जाते हैं
यह सब काले पर वाले बगुले हैं
जो हँसते-खेलते लम्हों को
अपने पंखों में मूँद के आँखों से ओझल हो जाते हैं
राहत जैसे ख़्वाब है ऐसे इंसानों का
जिनकी उम्मीदों के दामन में पैबंद लगे हैं
जामा, एक तरफ़ सीते हैं दूसरी जानिब फट जाता है
यह दुनिया लम्हा-लम्हा जीती है
मरियम अब कपड़े सीती है
आँखों की बीनाई साथ नहीं देती अब,
और ग़ज़ंफ़र
जो रूमाल में लड्डू बाँध के उसके घर में फेंका करता था
और उसकी आँखों की तौसीफ़ में ग़ज़लें लिखवाकर लाया करता था
उसने और कहीं शादी कर ली है
अब अपनी लकड़ी की टाल पे बैठा
अपनी कजराई और जवानी के क़िस्से दोहराया करता है
टाल से उठकर जब घर में आता है
बेटी पर क़दग़न रखता है
नए ज़माने की औलाद अब वैसी नहीं रह गई
बदकारी बढ़ती जाती है
जो दिन बीत गए कितने अच्छे थे

बरगद के नीचे बैठो या सूली चढ़ जाओ
भैंसे लड़ने से बाज़ नहीं आएँगे
मौत से हमने एक तअव्वुन कर रक्खा है
पसमंज़र में क्या होता है, नज़र कहाँ जाती है
सामने जो कुछ है रंगों, आवाज़ों, चेहरों का मेला है।
गरगल उड़कर वह पिलखन पर जा बैठी
पीपल में तोते ने बच्चे दे रक्खे हैं

गुलदुम जो पकड़ी थी कल बेचारी मर गई
नज्मा के बेलों में कितनी कलियाँ आई हैं
फूलों की ख़ुशबू से क्या-क्या याद आता है
यह जब का क़िस्सा सड़कों पर नई-नई बिजली आई थी
और मुझे सीने में दिल होने का एहसास हुआ था
ईद के दिन हमने लट्ठे की शलवारें सिलवाई थीं
और सिवैयों का ज़र्दा हमसाये ने भिजवाया था
सब नीचे बैठक में बैठे थे
मैं ऊपर के कमरे में बैठा
खिड़की से ज़ेनब के घर में फूलों के गुच्छे फेंक रहा था
कल ज़ेनब का घर नीलाम हो रहा है
सरकारी तहवील में था इक मुद्दत से

शायद पतझड़ का मौसम आ पहुँचा
पत्तों के गिरने की आवाज़ मुसलसल आती है
चेचक का टीका बीमारी को रोके रखता है
ज़ब्ते-तोलीद, इस्क़ात वग़ैरह
इंसानी आबादी को बढ़ने से रोकेंगे
बंदर ने जब से दो टाँगों पर चलना सीखा
उसके ज़ेहन ने हरकत में आना सीखा है
पत्तों के गिरने की आवाज़ मुसलसल आती है
सड़कों पर रोज़ नए चेहरे मिलते हैं
मौत से हमने एक तअव्वुन कर रक्खा है
पसमंज़र में नज़र कहाँ जाती है

फूलों की ख़ुशबू से क्या-क्या याद आता है
चौक में जिस दिन फूल पड़े सड़ते थे
ख़ूनी दरवाज़े पर शहज़ादों की फाँसी का एलान हुआ था
यह दुनिया लम्हा-लम्हा जीती है
दिल्ली की गलियाँ वैसी ही आबाद-शाद हैं सब
दिन तो काले पर वाले बगुले हैं
जो सब लम्हों को
अपने पंखों में मूँद के आँखों से ओझल हो जाते हैं

चारों जानिब रंग-रंग के झंडे उड़ते हैं
सबकी जेबों में इंसानों के दुख-दर्द का दरमाँ ख़ुशियों का नुस्ख़ा बँधा पड़ा है
लेकिन ऐसा क्यूँ है
जब नुस्ख़ा खुलता है
1857 जाता है
1947 आ जाता है

बीते लम्हात

तुम्हारे लह्जे में जो गर्मी-ओ-हलावत है
उसे भला-सा कोई नाम दो वफ़ा की जगह
ग़नीमे-नूर का हमला कहो अँधेरों पर
दयारे-दर्द में आमद कहो मसीहा की
रवाँ दवाँ हुए ख़ुश्बू के काफ़िले हर सू
ख़लाए-सुब्ह में गूँजी सहर की शहनाई
यह एक कोहरा-सा, यह धुँध-सी जो छाई है
इस इल्तिहाब में इस सुर्मगीं उजाले में
सिवा तुम्हारे मुझे कुछ नज़र नहीं आता
हयात नाम है यादों का, तल्ख़ और शीरीं
भला किसी ने कभी रंगो-बू को पकड़ा है
शफ़क़ को क़ैद में रक्खा सबा को बंद किया
हर एक लम्हा गुरेज़ाँ है जैसे दुश्मन है
न तुम मिलोगी न मैं, हम भी दोनों लम्हे हैं
वह लम्हे जाके जो वापस कभी नहीं आते

नया आहंग

किरामन-कातिबीन आमालनामा लिख के ले जाएँ
दिखाएँ ख़ालिके-कोनो-मकाँ को और समझाएँ
म-आनी और लफ़्ज़ों में वह रिश्ता अब नहीं बाक़ी
लुग़त अल्फ़ाज़ का इक ढेर हैं लफ़्ज़ों पे मत जाना
नया आहंग होता है मुरत्तब लफ़्जो-मानी का
मिरे हक़ में अभी कुछ फ़ैसला सादिर न फ़रमाना
मैं जिस दिन आऊँगा ताज़ा लुग़त हमराह लाऊँगा ।

एक बात

कभी दिमाग़ में आती है बेसरोपा बात
यह बात जब भी कही जाती फुलझड़ी होती
ज़मीन चाँद में होती, वहाँ यह होती रस्म
हर इक को अपनी जगह और की पड़ी होती
रवायतें भी नई होतीं, फ़लसफ़े भी नए
ज़मीन सींग पे गाय के गर खड़ी होती
वफ़ा का नाम सितम होता ग़म का राहते-जाँ
तुम्हारी नाक ज़रा छोटी या बड़ी होती

रफाइल अलबर्ती

अंग्रेज़ी से अनुवाद

जितेन्द्रकुमार

लुई सरनूदा के लिए
इंग्लैंड में दक्खिनी हवा की तलाश

मान लो एक दिन हवा खुद से कहे
मैं ऊब गई हूँ अपने ही नाम से
अब तो गुलाब की सिहरन
नदी की महीन सलवटों
समुद्र के गौरवपूर्ण प्रवाह
और पाल में पड़ते खूबसूरत गड्ढों पर भी मैं
अपने हस्ताक्षर करना नहीं चाहती

मैं उन उनींदी तहों से उठती हूँ
जो नींद का घर है
अंगूर की लटकती लताओं से गुज़रती
मीनारों की अंधी मेहराबदार खिड़कियों से
चुपके खिसक लेती हूँ
और फिर स्वयं झीनापन बन
घुमावदार सड़कों से होकर
दरवाज़ों से घायल और लहूलुहान, प्रवेश करती हूँ
उन लम्बे सभागृहों में
जो हरे आँगनों में खुलते हैं

वहाँ उछलता पानी
मुझे मेरी आकांक्षाओं की याद दिलाता है
मैं खोजती हूँ
ढूँढती हूँ अपने लिए एक नाम
पता नहीं कैसे

क्या कहीं कोई झोंका कोई साँस ऐसी नहीं
जो मेरा नामकरण कर दे
और भी अधिक थककर
मैं अब तलाश रही हूँ एक निशान
उस वस्तु या व्यक्ति का, जो मेरी जगह ले ले
मेरी तरह हो
मेरी ही तरह चीज़ों की स्मृति में रहता हो
पालने और उसके गीतों से पुलकित
उसी तड़प उसी साँस में सहे
जो जीवन की उस पहली सुबह मेरी थी
जब प्रकाश ने मुझसे कहा था : उड़ चलो
तुम तो हवा हो

मान लो एक दिन हवा खुद से कहे ?

चार्ली की उदास तिथि

मेरी टाई मेरे दस्ताने
मेरे दस्ताने, मेरी टाई
तितली को दर्ज़ियों की मौत के बाबत
कुछ भी नहीं पता
ना ही उन पोशाकों के बारे में
जिन्होंने समुद्र-विजय हासिल की
श्रीमान् मेरी उम्र नब्बे हज़ार साल है
बाSप-रे!

मैं उस वक़्त बच्चा था
जब मछलियाँ तैरा नहीं करती थीं
न मुर्ग़ाबियाँ गीत गाती थीं
या इल्लियाँ बिल्लियों पर आक्रमण कर देती थीं।

मोहतरिमा आएँ
हम चूहे बिल्ली का खेल खेलें
मगर जनाब, सबसे दुखदायी वस्तु है घड़ी
ग्यारह, बारह, एक, दो···
ठीक तीन बजे एक राहगीर मारा जायेगा
मेरे कपड़े ऊब गये हैं देहात से
मेरी उम्र अचानक पच्चीस की हो गई है

बर्फ़ गिरनी है इसलिए बर्फ़ गिर रही है
मेरा शरीर लकड़ी के एक टपरे में बदल गया है
हवा, मैं तुम्हें न्यौता दे रहा हूँ

आकर आराम करो
सितारों की ब्याल के लिये
अब वक़्त कुछ ज़्यादा ही हो गया है।

पर खो गये पेड़
हम एक धुन पर नाच तो सकते हैं
भेड़ियों के लिए एक मस्तीभरा नृत्य
जिससे मुर्ग़ियाँ लोमड़ी के पंजों के भय बिना सो सकें

मैं अपनी छड़ी कहीं रखकर भूल गया
इतनी बड़ी दुनिया में उसके लिए अकेले रहना
कितना दुखदायी है

हाय मेरी घड़ी
मेरा टोप मेरी आस्तीन मेरे दस्ताने मेरे जूते
पर वह हड्डी जो सबसे अधिक चुभती है
घड़ी है
ग्यारह, बारह, एक, दो···
ठीक तीन बजे एक नंगी लाश
औषधालय से भाप बन उड़ जायेगी···

बुरा क्षण

उन दिनों जब मैं सोचा करता था
कि गेहूँ के खेतों में देवताओं और सितारों का निवास है
और कुहरा हिरनी की आँख का आँसू
किसी ने मेरे सीने और छाया को पोत दिया
ऐसे में चला गया

यह वह क्षण था
जब बन्दूक की गोलियाँ पगला उठी थीं
समुद्र उन लोगों को बहाकर ले गया
जो चिड़िया बनना चाहते थे
बेतार संदेश बुरी ख़बरें ही लाते थे
खून की

और उस जल की मृत्यु की
जो सदा से आकांश ताका करता था

हवा के कहे की गाथा

अनन्त यों तो केवल एक नदी का नाम भी हो सकता है
एक बिसराया हुआ घोड़ा
और खोये हुए कबूतर की गुटरगूँ

जहाँ तक उस आदमी का सवाल है
जो अपने साथियों को छोड़ देता है
हवा आती है उसे दूसरी बातें बताने
उसके कान और आँख
अन्य वस्तुओं के लिए खोल देती है

मैंने आज अपने लोगों को छोड़ दिया
और अकेले खोह में नदी को देखना शुरू किया
एक घोड़े को अकेला खड़ा देखा
अकेले खोये कबूतर की गुटरगूँ को सुना

तब हवा नज़दीक आई
और बातों-बातों में कुछ कहने के तरीक़े से बोली :
अनन्त केवल एक नदी का नाम भी हो सकता है
एक बिसराया हुआ घोड़ा
और एक खोये कबूतर की गुटरगूँ

वे चले गये

वे पत्तियाँ हैं पत्तियाँ
जो केवल इसलिए तबाह कर डाली गईं
क्योंकि वे सदा जीवित रहना चाहती थीं
वे छः पखवाड़े तक भी यह सोचना नहीं चाहती थीं
कि एक उजाड़ की रचना किस प्रकार होती है

ना ही वे उस बूँद की ज़िद को जानना चाहती थीं
कि आखिर वह उस गंजी खोपड़ी पर टपककर ही क्यों
चोट करना चाहती है
जिसे पहले ही से ख़राब मौसम पर टाँक दिया गया था

हमारे साथ और कुकर्म भी हो सकते थे
आज क्या तारीख़ है ?

पत्तियाँ उन हड्डियों से मिलकर ढेर लगाती हैं
जिन्हें जीवन-भर
एक मक़बरे का अधिकार हासिल नहीं हुआ

मुझे मालूम है मैं तुम्हें सता रहा हूँ
मेरी धमनियों में रक्त धुएँ की चपेट में आ गया है

तुम्हारी पीताम्बरी आँखें थीं
पर अब यह साफ़ है कि तुम समझ नहीं पाओगी
कि वे राख हो चुकी हैं !

निकेफोरॉस व्रेताकॉस

अंग्रेज़ी से अनुवाद

उदयन वाजपेयी

समाधिलेख

अपने कंधों पर मेराथन ट्राफी उठाए
एक मरा हुआ खूबसूरत आदमी हाडेस की ओर उतर रहा है
जहाँ शाश्वत यूनानी उसकी प्रतीक्षा कर रहे हैं
लेकिन वह उनके लिए सिर्फ़ एक अधूरा संदेश ला रहा है :
हमने···
मेरे पीछे के लोग तुम्हारे लिए ला रहे हैं,
हमने विजय पा ली है
मैं यहाँ इतनी जल्दी नहीं आ सकता था, दरअसल
प्लेटाइया और मेराथन के देश में
पारसियों के हाथों मारा जा चुका हूँ मैं

बिना तुम्हारे कबूतर

बिना तुम्हारे कबूतरों ने
पाया नहीं होता जल

बिना तुम्हारे ईश्वर ने आलोकित
नहीं किए होते अपने फव्वारे

सेब का वृक्ष अपने फूल बिखेर देता है
बहती हवा में; अपने कोट में
आकाश से तुम लाती हो जल
गेहूँ की चमक, और तुम्हारे ऊपर लटका है

गोरैयों से बना एक चन्द्रमा

चैन

मेरे हृदय में प्रेम है पानी के गिलास में
बादाम के वृक्ष की शाखा की तरह, सूर्य उसका
आलिंगन करता है और उसे भर देता है पक्षियों से
सबसे अच्छी बुलबुल उच्चारित करती है तुम्हारा नाम

वहाँ नहीं है अकेलापन

वहाँ नहीं है अकेलापन जहाँ एक आदमी
गड्ढा खोद रहा है या सीटी बजा रहा है या धो रहा है अपने हाथ
वहाँ नहीं है अकेलापन जहाँ एक वृक्ष
अपने पत्ते हिला रहा है, जहाँ एक अनाम कीड़ा
ढूँढकर बैठ जाता है एक फूल पर
जहाँ झील में उभर रहा है बिम्ब एक नक्षत्र का
जहाँ अपनी माँ के स्तन को थामे
अपने खुले हुए प्रसन्न होंठों से
एक शिशु सोया है, वहाँ नहीं है अकेलापन

बादाम का वृक्ष

बादाम का वृक्ष खड़ा है तुम्हारे बगल में
लेकिन तुम दोनों फूले कब ?
खिड़की पर खड़े होकर मैं
तुम्हें देखता हूँ और रोता हूँ

मेरी आँखें सह नहीं सकतीं
इतना हर्ष। ईश्वर, मुझे प्रदान करो
स्वर्ग के सारे कुण्ड और मैं
उन्हें भर दूँगा।

अजीब उपस्थिति

ईश्वर ने जैसे तुम्हें बनाया हो अप्रयुक्त मिट्‌टी
प्रकाश और जल से, तुम खूबसूरत हो
अजीब ढंग से

तुम्हारे हाथ
उस सभा की तरह हैं जहाँ लोग विचार कर रहे हैं
तुम्हारे स्तन पर

तुम्हारी गरदन
स्तम्भ है जो सँभाले है एक चित्रवल्लरी को
तुम्हारी हँसी
एक शांति पड़ाव है। सूर्य आलोकित करता है
तुम्हारा ऊँचा माथा, अजीब ढंग से
तुम्हारे केश
हैं पालतू तूफ़ान और तुम्हारी आँखें
मौन का विवेक, तूफ़ान की लय, और
एक ''आपस में प्रेम करो''

हरभजन सिंह

पंजाबी से अनुवाद

गगन गिल

लड़की हैरान है

लड़की हैरान है
देह के जंगल में मिरग कस्तूरी का
शाहरग के पास-पास सपना बहुत दूरी का
खुशबू के दरिया में
बही जाती जान है

जिस्म की खिड़की में चंद्रमा चमकते
दिन दहाड़े सपने देखती
अचानक चौंक उठती है
दुनिया न जान ले
मन के अँधेरे में जो रोशन जहान है

चलती चली जाती है
कपड़ों की ओट में चंद्रमा छिपाती है
नज़रों के काँटों में
बार-बार जैसे ओढ़नी अटक जाती है
खुशबू के भ्रमजाल मिरग हलकान
अपने ही होने से लड़की परेशान है

मुश्किल है हथेली पर चाँद रखकर चलना
बहुत दुश्वार सदा कली जैसे खिलना
बैठना अकेले और कुछ भी न सोचना
अपनी ख़ामोशी को बोलने से रोकना
छेद-छेद मटके में दरिया लेकर चली
उमर नादान है

चिता*

एक चिता मेरे घर का अंग है
रात-सवेरे जलती रहती
मेरे साथ उठती बैठती चलती फिरती है
ज़िद करती मुझे गोद में उठा लो
घर बाहर की सैर कराओ
रात ढले मेरे गले से लगकर
सदा सुलगती सो जाती है

आधी-आधी रात झिझोड़ जगाए
कहे किसी उजाड़ में दीया
निपट अकेला सिसक रहा है
चलें उसको चुप करायें

घर के बाहर निकलूँ तो मेरी
उँगली पकड़ चल पड़ती है
कहती है, किसी बाज़ार में मेरी
मिट्टी की माँ गुम गयी है
चलें उसको ढूँढकर लायें

कभी-कभी मेरी घरवाली
ड़ड़बड़ाकर नींद में उठ चलती है

---

* मूल पंजाबी कविता में चिता के लिए **सिवा** शब्द का प्रयोग हुआ है। **सिवा** जलती चिता को कहते हैं। प्रचलित विश्वास है कि तांत्रिक **सिवे** की आत्मा वश में कर लेते हैं। मूल कविता में **सिवा** नन्हें बालक के भाव में प्रयुक्त हुआ है, जबकि अनुवाद में इसका समानान्तर हिन्दी शब्द **चिता** इसका भावार्थ नन्हीं बच्ची कर देता है।

घर की चीज़ें समेटती
आँगन बुहारने लगती है
बिन पूछे कहने लगती है :
अचानक मेरी नींद उखड़ गयी
कुछ तो घर का काम समेटूँ
शायद कल कोई मेहमान
आ ही जाये

किस उजाड़ में इसका दीया
किस बाज़ार में इसकी मिट्टी
निपट अकेली सिसक रही है
उसकी आवाज़ सुन ली इसने भी ?

एक चिता हमारे घर का अंग है
रात-सवेरे जलती रहती

लहू

लहू जो बिखर गया मिट्टी पर
वह मिट्टी का है, मेरा नहीं
मुझे कोई मोल नहीं लेना बिखरे लहू का
किसी माथे पर नहीं लगाना उसका तिलक
लहू के रंग का परचम किसी के सिर पर नहीं टाँगना
मेरे बाद जो मेरे दोस्त ज़िंदा हैं
वे मेरे दोस्त हैं
बाँस के पोर नहीं

लहू जो गिर गया मिट्टी में
सूरज सोख लेगा
या मिट्टी पी लेगी
मेरे यारों के पैरों तले उम्र भोग लेगा
लहू जो बिखरा
वह ज़िंदगानी के लिए था
कहानी के लिए नहीं

अगर अभी भी रगों में दौड़ता है
वह लहू मेरा है
घरों में फिर जब चूल्हे तपेंगे
पुराने बिस्तरों में
फिर जब बेख़ौफ़ बच्चे गर्म होंगे
मेरी प्रिया की अधमरी देह में
फिर सूर्य उदय होगा
साबुत सुलगता समूचा

जब वह जान जायेंगी
कि प्यार ज़िंदा वर्तमान के लिए है
मेरे इतिहास के लिए नहीं
तब कहूँगा मैं
लहू जो गिर गया था मिट्टी में
वह मिट्टी का है, मेरा नहीं
मैं क़ब्र में क़ैद नहीं
रगों में दौड़ता हूँ।

अकेली पीठ

आज हमारी गली में से कौन गुज़रा था ?
मैंने तो नहीं उसे बुलाया था
बहुत गर्मी थी
जैसे बरसों का यौवन
सिमटकर क्षण हो गया था
मेरी मिट्टी में सूरज से भी बड़ा
कौन जल उठा था ?

मैं लजायी
और लपलपाती लौ अपने घर लौट आयी
गली के मोड़ से अपने घर तक
मैं अपने नाप से बाहर निकलती जा रही थी
मेरे कुरते की पीठ झर्र-झुर्र कर गिर गयी नीचे
मैं नंगी पीठ घर की ओर दौड़ती आयी
मुझे लगता है
मेरी ताज़ा सुलगती पीठ में से
एक हाथ उदय हुआ था
और इशारे से बुलाये जा रहा था अपनी तरफ़
जो आज हमारी गली में से गुज़रा था।

मैं दरवाज़ा बंद करके बैठ गयी
अकेली भी, अधूरी भी
मुझे लगता है
अभी भी मेरी अकेली पीठ

गली में ही खड़ी है
और उसमें से निकलकर हाथ
इशारे किए जा रहा है
इशारे किए जा रहा है

क़त्ल के बाद

क़त्ल के बाद दूसरे क़त्ल तक
आओ बैठो मेरे साथ कोई बात करो
मैं कोई जेल नहीं, जासूस नहीं
हड़बड़ाकर तुमने जो बक दिया
मैं उसे दिल में सँभालूँगा
ज़िंदा शूल की तरह
और मेरा दर्द
जीता है शूलों के लिए

क़त्ल के बाद दूसरे क़त्ल तक
आओ बैठो मेरे साथ मेरी चुप्पी बनकर
शराब, औरत और दोस्तों से परे
तुम्हें जो कहना है
सो कहो खामोश भाषा में
कि इस ज़ुबान का मैं ही अकेला मालिक हूँ
क़त्ल के बाद भी जो मरती नहीं वह ज़मीर
मैं सिर्फ़ सुनता हूँ वही
छुपाया जाता है जो
तुम्हारे क़त्ल में शामिल न था
न होऊँगा
तुम्हारे दर्द में से ख़ारिज भी मैं हो नहीं सकता
चले भी आओ ज़िंदा वक़्त की साँसें बनकर
क़त्ल के बाद दूसरे क़त्ल तक
जो महक फैली है
उसे बैठने दो ज़ख़्म पर।

होर लिखो तुम बानी

हरि जी होर लिखो तुम बानी

बोध बिचारो सोधि सुधारो
जो लिख्या हुण तानी
सोच कहे तो पोच नी देवो
तख़्ती फेरो पानी

उमर बिहाई, लीक जु वाही
हुण तीकर अभिमानी
एस लीक ये बणों न कैदी
लाहो कुंज पुरानी

डर डर के तुम बोल उचारे
मर मर लिख्या कान्नी
भेखी बात कही मुँह देखी
अक्खर जोड़ जबानी

इह पंडताई इह चतराई
किते न आवन जानी
महागिआनी तत्त समझ ले
जीवन है अगिआनी

ना बोलो तुम धुर पातालों
ना बोलो असमानी
धुर आवे चों बोलो हरि जी
छड्डो बात बिगानी

मिरोस्लाव होलुब

अंग्रेज़ी से अनुवाद

प्रयाग शुक्ल

शाम 6 बजे के उद्भव पर

मनुष्यों के नाम
सरल होते हैं नामों से
सूर्य की जमुहाई के बाद, दिन
उछाल दिया गया घरों के बीच
चलते हैं हम, अपने प्रेम को अपने पीछे घसीटते हुए
एक बड़े मुँह-झौंसे कुत्ते की तरह।
लेकिन कितनी ज़िंदगियाँ जा सकी हैं बचाई,
मुँह-से-मुँह में साँस फूँककर ?
बस इतना ही, वह सीलबंद रिक्त आडम्बर ?
बातचीत वह हिलसा मछलियों की बिना तारीखवाली टिन में ?
निश्चय ही। और हम पकड़ते हैं अपने काँटे को
बाएँ से और रख देते हैं हड्डियाँ प्लेट की
बगल में, अनंतकाल के लिए।
तुम्हारी आँखें, ज़रूर ही, हैं नियॉन बत्तियाँ,
और जिधर भी तुम देखती हो, एक
जलती हुई इबारत उभर आती है दीवार पर।
नहीं हैं कोई शब्द। कभी थे भी नहीं
चबाने के वक़्त। नियति की देहरी पर
चुप है कविता, अपनी ही कड़वाहट से रुँधी हुई।
भाग्यवश मैं मुश्किल से समझ
पाया तुम्हें कभी।
हम लिखते हैं एक-दूसरे के ऊपर छुरी से—
जैसे कि चीनी कवि करता हो रेखांकन ब्रश से।
जम जाता है कोई रक्त जल्दी,

कुछ बहता है, बहता ही रहता है।
परिमाण चीज़ों का चलता है पता
घाव की गहराई से।
हम लाल बत्ती पर पार करते हैं रास्ता। क्योंकि खेल
है बिना नियमों का, और कई बरस पहले
हमारे शतरंजी चौराहों को कर दिया
उन्होंने छिन्न-भिन्न,
इसलिए और कुछ नहीं राजाओं के खर्राटे सुन पड़ते हैं,
और चिल्लाहट प्यादों की, हिनहिनाहट घोड़ों की
और इन सब में बँधे हैं हम चुप्पी से।
लेकिन जब चूमता हूँ मैं तुम्हें
तुम्हारी जीभ देती है स्वाद,
दसवें ग्रह का, बन जाता
अपने आप जो।
और बस इतना ही, पंजा वह अँधेरे का?
नींद की ये आत्महत्याएँ, जिससे हम
जागकर उठते हैं ठीक पत्थर के नीचे?
और बस इतना ही, परीक्षा वह
कंकाल अवशेषों की?
तुम्हारी चाल निश्चय ही है राजसी,
आतंकित करते उन्नत उरोजों के बारे में शक़ नहीं।
तुम चलती हो और पता नहीं चलता चलने का।
उम्मीद से जीते हम। निश्चय ही।
इसके परजीवी कुतरते हैं सत्व भेजे का
कभी-कभी वह भी नहीं।

और जो छह बज गए हैं
आज के। ठीक वैसे जैसे बजे थे कल
और फिर कल बजेंगे।

एक कवि से बातचीत

कवि हैं आप ?
　　　　हाँ मैं हूँ ।
कैसे मालूम यह ?
　　　　लिखी हैं कविताएँ मैंने ।
कविताएँ लिखी हैं भर आपने इसका तो मतलब यह
कि कवि **थे** आप । लेकिन अब ?
　　　　मैं लिखूँगा फिर कविता किसी दिन ।
तो फिर उस हालत में संभव है कि फिर हों कवि आप
एक दिन । पर कैसे करेंगे मालूम जो
लिखी है वह कविता है ?
　　　　कविता वह होगी उसी तरह जैसी कि पिछली थी ।
तब फिर वह कविता तो नहीं होगी । कविता बस
एक बार होती है और ठीक वैसी ही
हो नहीं सकती है दुबारा वह ।
　　　　उम्मीद है मुझे वह होगी उतनी ही अच्छी
　　　　जितनी कि थी पिछली ।
कैसे कह सकते हैं यह निश्चयपूर्वक ? अपने स्वभाव
की कविता बस होती है एक बार अंततः और वह भी
मुनस्सर नहीं आप पर, निर्भर वह होती स्थितियों पर ।
　　　　करता हूँ आशा कि स्थितियाँ भी होंगी वही ।
मानते-भर आप हैं ऐसा तो आप कवि नहीं होंगे
फिर और पहले भी नहीं थे । फिर क्योंकर
मानते हैं कि कवि हैं आप ?
　　　　अच्छा !—मुझे नहीं मालूम यह ठीक-ठीक । और आप हैं कौन ?

पेड़ों पर बिल्लियों के उगने के बारे में संक्षिप्त चिंतन

जब हुआ करती थीं छछूँदरों की वार्षिक बैठकें
और जब बेहतर थी उनकी नेत्र-ज्योति
जागी उनमें इच्छा यह कि किया जाए पता आखिर
ऊपर है क्या
सो उन्होंने बिठाया एक आयोग जाँचने को कि
ऊपर क्या है
आयोग ने भेजा एक तेज़ आँखोंवाला फुरतीला छछूँदर
दिखा उसे, बिछुड़ने के बाद अपनी परिचित धरती माँ से,
एक पेड़ जिस पर बैठी थी एक चिड़िया।
इस तरह सिद्धांत यह प्रतिपादित किया गया कि
ऊपर वहाँ पेड़ों पर उगती हैं चिड़ियाँ। बहरहाल,
कुछ छछूँदरों को लगा कि हो नहीं सकती बात
इतनी सहज। इसलिए भेजा उन्होंने एक और
छछूँदर, पता यह करने को कि क्या उगती हैं
चिड़ियाँ पेड़ों पर।

उस समय हो चुकी थी शाम, पेड़ पर कर
रही थीं कुछ बिल्लियाँ म्याऊँ। म्याऊँ
करनेवाली बिल्लियाँ उगती हैं पेड़ पर, घोषित
यह किया दूसरे छछूँदर ने।

इस तरह विकसित हुआ एक वैकल्पिक सिद्धांत
बिल्लियों के बारे में।

परस्पर विरोधी इन दो सिद्धांतों से परेशान
हुआ आयोग का एक सनकी सदस्य। और
वह चढ़ गया ऊपर स्वयं पता करने को।
हो चुकी थी उस समय रात और अँधियारा छाया था।

ग़लत हैं दोनों ही सिद्धांत, किया घोषित
उस माननीय छछूँदर ने।
चिड़ियाँ और बिल्लियाँ हैं केवल
भ्रम आँखों का, छवि उनकी बनती है
विखंडित रोशनी से। दरअसल, चीज़ें ऊपर
वैसी ही हैं जैसी कि नीचे, फ़र्क़ मात्र इतना
है कि ऊपर मिट्टी कम सघन है और पेड़ों
की ऊपरी जड़ें कुछ फुसफुसाती हैं,
लेकिन बस थोड़ा-सा।

बस इतनी बात है।
तब से रहते आए हैं छछूँदर नीचे ज़मीन के:
वे बिठाते नहीं हैं आयोग अब
या सोचते नहीं हैं बिल्लियों के अस्तित्व की
संभावना के बारे में।

सोचते भी हैं तो बहुत थोड़ा-सा।

दाँत

देखें तो दाँत हैं अवशेष बाहर भीतर के। ज़िदगी में उनकी भय यह व्याप्त है कि फिर से वे पा सकते हैं अपने को बाहर और खो जा सकते हैं। जानता नहीं है एक खोया हुआ दाँत कि वह मुड़े तो किस ओर, जानता नहीं है कि हँसी में वह तोड़ लिया जाता है या होता है उजागर, जानता नहीं है कि किस तरह पहुँचे फिर अपनी जड़ तक वह और इस तरह देता है खो अपनी पीड़ा को।

विकास में सभ्यता के जाने कितने दाँत हैं खो गए। या तो किसी शैक्षिक या सुधारवादी हस्तक्षेप के कारण जीवन में युवा व्यक्तियों के या फिर क्षय से बुढ़ापे में। तोड़ दिए गए दाँत सभ्यता या संस्कृति के विकास में गलते नहीं हैं बल्कि रास्ता बनाते हैं अँधेरे में, डर उन्हें लगता है उजाले में आने से। अपने सफ़र में थक चुके हैं दाँत जो लिए जाते हैं खोज, इस तरह कारण वे बनते हैं नई वैज्ञानिक पद्धतियों के उभरने का। बने हुए दाँत होते हैं एकत्र बादलों से भरी हुई अँधेरी शामों में, भय से काँपते हुए कहते हैं आपस में कथाएँ वे मसूढ़ों और मुक्कों और घुटने तक जूतों की और उन चिकित्सा-उपकरणों की जाँच जो करते हैं मुँह की। कथाएँ ये रहित नहीं होतीं एक हास्य से अनजाने ही कर जाता उनमें प्रवेश वह। दाँत बन जाते हैं पात्र हँसी के और कहते हैं कथाएँ वे अपनी रात-दर-रात, सदी-दर-सदी।

इसी तरह शुरू हुआ कठपुतली थियेटर।
थियेटर है यह उन दाँतों का बचे नहीं रहे जिनके लिए कोई मुँह।

इसीलिए, प्यारे बच्चो, बंद करो अपना मुँह और ध्यान से देखो।

एक फ़ेंस के बारे में संक्षिप्त चिंतन

एक फ़ेंस
न कहीं शुरू होती है
न कहीं ख़त्म
और
अलगाती है उस जगह को जहाँ वह है
उस जगह से जहाँ वह नहीं है
बहरहाल, बदक़िस्मती से, हर फ़ेंस
छूट देती है कुछ न कुछ को,
कहीं कुछ छोटी और कहीं कुछ
बड़ी चीज़ों को, इस तरह

दरअसल अलगाती नहीं है फ़ेंस, इंगित
भर करती है कि कुछ है जिसे चाहिए अलगाना।
और यह कि दंडित किया जाएगा उन्हें
करेंगे जो अनधिकार प्रवेश।
देखें तो इस तरह
रखा जा सकता है
फ़ेंस की जगह पर एक क्रुद्ध शब्द
और कभी-कभी विनयशील शब्द भी,
लेकिन सूझती नहीं है यह बात
एक नियम की तरह किसी को
इस तरह देखें तो
मुकम्मल फेंस
वह है

जो अलगाती है कुछ नहीं को कुछ नहीं से
ऐसी एक जगह को, जहाँ कुछ नहीं है
को ऐसी एक जगह से जहाँ पर भी नहीं है कुछ
वही है सचमुच की फेंस, एक कवि के शब्द की तरह।

विपरीत के उद्भव पर

जैसे कि विभाजित हो जाए आकाश--
लेकिन यह तो था एक जोड़ा हाथ।

थोड़ी देर के लिए इसने फड़फड़ाये पंख,
लेकिन जुड़ गए हाथ
और ज़्यादह। पंखों ने किया प्रतिरोध
इसने पटके पैर लेकिन जुड़ गए हाथ
और टूट गया एक पैर।

हर बार जब इसने हिलाई-डुलाई कोई चीज
जुड़ गए हाथ और कुछ टूट गया।
इसलिए यह रहा अकड़ा। यह हो
सकती थी स्तब्धि भी।

लेकिन यह एक रेंगता हुआ बोध भी हो
सकता था कि अब बचा नहीं कोई नीला रंग।
विपरीत इसके।
कि अब नहीं है कोई मैदान जिसमें फूल हों
यहाँ और वहाँ
विपरीत इसके।
कि न तो ग्लूकोज़ है
न सरसराहट
न समय
लेकिन विपरीत इसके।

और चीज़ें अब इसी तरह हैं। जब तक कि
ऊब नहीं जाता कोई इससे। इस जीवन,
इस मृत्यु या हथेली पर उस खुजलाहट से।

ज़ेब्ग्न्यू हर्बर्त

अंग्रेज़ी से अनुवाद

गगन गिल

कंकर

कंकर
एक आदर्श जीव है

अपने बराबर
अपनी सीमाओं के प्रति सजग

भरा हुआ भीतर तक
एक ठेठ कँकरीले अर्थ से

एक गंध से जो किसी को किसी चीज़ की याद नहीं दिलाती
किसी को भयभीत कर वह दूर नहीं भगाता, न कोई इच्छा जगाता है

उसकी गरमाहट और ठंडापन
खरे और गरिमामय हैं

जब मैं उसे अपने हाथों से उठाता हूँ
भारी पश्चात्ताप से भर जाता हूँ
उसकी गौरवमयी देह
झूठी स्निग्धता से भीग जाती है

कंकरों को पालतू बनाना असंभव है
आख़िरी समय तक वे हमारी तरफ़ देखते हैं
ठंडी, साफ़ आँखों से

मुर्ग़ी

मुर्ग़ी इस बात का बेहतरीन उदाहरण है कि मनुष्यों के साथ लंबे समय तक रहने के क्या नतीजे हो सकते हैं। मसलन, वह एक पक्षी का हल्कापन व सुंदरता समूचे तौर पर गँवा चुकी है। उसके उभरे पुट्ठों में से उसकी पूँछ किसी टोपी की तरह उठती है जो बहुत भद्दी जान पड़ती है। उसके परम आनंद के दुर्लभ क्षण, जब वह एक टाँग पर खड़ी होकर अपनी गोल आँखों को पतली झिल्लीदार पलकों से जोड़ लेती है, हममें अद्भुत जुगुप्सा जगाते हैं। तिस पर उसका विद्रूप गीत, उसकी गला-तोड़ चिरौरियाँ, उस चीज़ के लिए जो अकथ्य रूप से हास्यास्पद है : एक बोल, सफ़ेद, बीट-सना अंडा।

मुर्ग़ी को देखकर कुछ ख़ास कवियों का ध्यान आता है।

आरामकुर्सियाँ

किसने सोचा था कि एक गर्म गर्दन बाहें टिकाने की जगह बन जाएगी या दौड़ने और कुलाँचे भरने को आतुर टाँगें चार सीधी-सादी बैसाखियों में अकड़ जाएँगी ? किसी ज़माने में आराम-कुर्सियाँ फूल खानेवाले अभिजात प्राणी हुआ करती थीं। परंतु उन्होंने स्वयं को बहुत आसानी से पालतू बनने दिया और आज वे चौपायों में सबसे दयनीय प्राणी हैं। वे अपना सारा अक्खड़पन व साहस खो चुकी हैं। अब वे कातर हैं। उन्होंने न तो किसी को रौंदा है और न ही किसी के साथ कहीं गई हैं। यकीनन, उन्हें एक बेकार गए जीवन का अहसास है।

आरामकुर्सियों की निराशा उनकी चरमराहट में से झलकती है।

माँ

वह उसके घुटनों से ऊन के गोले की तरह गिरा।
जल्दी में वह उधड़ता गया और अंधाधुंध दूर भागता गया।
वह जीवन का आरंभ पकड़े रही। वह उसे अपनी उँगली
पर लपेटेगी अँगूठी की तरह। वह उसे बचाना चाहती थी।
ऊँची सीढ़ियों से वह गिरता जाता था, कभी-कभार
ऊपर भी उठ आता था। वह लौटेगा अब उलझा हुआ, और
चुप रहेगा। कभी नहीं लौट पाएगा वह उसके घुटनों के
सुंदर सिंहासन तक।

अँधेरे में चमकते हैं फैले हुए हाथ
किसी पुराने शहर की तरह

मछली

मछली की नींद की कल्पना करना असंभव है। एक तालाब के सबसे अँधेरे कोने में भी, वनस्पतियों के बीच, उनका आराम हमेशा चौकन्ना रहता है : अनंत समय तक वही मुद्रा, और उसके बारे में कुछ भी कह पाने की असंभवता: मसलन यह, कि उनके सिर ने आराम किया है।

> उनके आँसू शून्य में रोने जैसे हैं—अनगिनत
> मछलियाँ अपनी निराशा को कोई भाव नहीं
> दे पातीं।

इसीलिए वह कुंद चाकू सही साबित होता है जो उनकी पीठ में घुँप कर उनकी देह से काँटों के सलमे-सितारे उखाड़ फेंकता है।

रोबेर्तो हुआरोज़

अंग्रेज़ी से अनुवाद

कृष्ण बलदेव वैद

शीर्षकहीन पाँच कविताएँ

1

अपने हाथों का तकिया बना लो।
आकाश अपने बादलों का
धरती अपने ढेलों का
और गिरता हुआ पेड़
अपने ही पत्तों का
तकिया बना लेता है।

यही एकमात्र उपाय है
गीत को ग्रहण करने का
निकट से,
उस गीत को जो
पड़ता नहीं कान में
जो रहता है कान में,
एकमात्र गीत जो
दोहराया नहीं जाता।

हर व्यक्ति को चाहिए
एक ऐसा गीत जिसका
अनुवाद असंभव हो।

2

हम सब मर जाएँगे
वे सब जिन्हें निहारा हमने
कनखियों से या सीधे,

जिन्हें कभी भोगा या भुला दिया
जिनसे की बात कभी कोई।
हम सब मर जाएँगे—बारी-बारी—
सच कहता हूँ
उस महान असम्भव के हाथों
जिसका नाम है मौत।
मर जाएगा
मेरे कुत्ते का काला रंग भी
मर जाएगा
तेरी आवाज़ का सफ़ेद रंग भी
मर जाएगा
इस दिन का खोखला रंग भी।
और इस बीच
हम करते रहेंगे
कुछ न कुछ,
उतना सच तो नहीं
पर कहता हूँ
कोई फ़र्क नहीं पड़ने का
उस कुछ न कुछ से!
अगर मेरा कुत्ता सफ़ेद होता
या तेरी आवाज़ काली
या इस दिन ने रँग दिया होता
हम सबको देव-रंग में
तो भी शायद ही कोई फ़र्क पड़ता,
या शायद पड़ ही जाता
और अभी तो प्रश्न शुरू ही हुआ है।

3

संसार को सँभाले है
निगाहों का इक जाल
बचाए है उसे गिरने से।
अगरचे जानता नहीं मैं क्या

गुज़रती है अन्धों पर,
मेरी आँखें जा टिकती हैं
इक पीठ पर जो हो
सकती है किसी देवता की भी।
इसके बावजूद वे खोजती हैं
एक और जाल को
एक और धागे को
जो चला जा रहा है
बन्द करता हुआ आँखों को
उधार लिये कपड़े से
और उतार रहा है बरखा
एक धरती आकाशहीन।
मेरी आँखें खोजती हैं
उस चीज़ को जो
उतरवा लेती है हमारे जूते यह
देखने के लिए
क्या कोई चीज़ है हमें
नीचे से उठाये हुए
या बनवा लेती है
हमसे कोई पक्षी यह
देखने के लिए
कि हवा है या नहीं
या रचवा लेती है
हमसे इक संसार यह
देखने के लिए
कि ईश्वर है या नहीं
या पहनवा लेती है
हमसे अपनी टोपी यह
साबित करने के लिए
कि हम हैं।

4

सोचता हूँ इस क्षण
विश्व-भर में शायद ही
कोई सोच रहा हो कुछ
मेरे बारे में,
केवल मैं ही सोच रहा हूँ
अपने बारे में,
और अगर मर जाऊँ
इसी क्षण तो कोई भी
नहीं सोच रहा होगा
मेरे बारे में—
मैं भी नहीं।

और यहीं से होती है
शुरू वह खाई,
जैसे कि जब सोता हूँ तो
होता हूँ मैं ही अपना आधार
खींच लेता हूँ उसे अपने आप से।
भरता हूँ सबकुछ को
अनुपस्थिति से।

इसीलिए शायद जब
आप सोचते हैं
किसी के बारे में तो
शायद आप उसे
बचा रहे होते हैं।

5

मैं ईश्वर को ईश्वर से उलझाना नहीं चाहता।
इसीलिए आजकल टोप नहीं पहनता,
लोगों की आँखों में आँखें खोजता हूँ,
और पूछता हूँ अपने आप से
वह क्या है जो हमें जगने नहीं देता,

जब तक मैं यहाँ हूँ, दो ब्रैकिटों के बीच,
और सोच रहा हूँ शायद
हर शै इक ब्रैकिट ही है।

जब तक मैं मौत को देता हूँ
अंगुश्त उसके गाड़ी से टाइम-टेबल के लिए
और अपने हाथों के गिर्द
खींचता हूँ रेखाएँ।
क्योंकि शायद सारा खेल यही हो :
हाथों के गिर्द या जहाँ हाथ होते थे
उसके गिर्द रेखाएँ खींचना
अपने इर्द-गिर्द रेखाएँ खींचना
ब्रैकिटों के भीतर,
बाहर नहीं।

मैं बेचारे ईश्वर को बेचारे ईश्वर से उलझाना नहीं चाहता

एडोनिस

अंग्रेज़ी से अनुवाद

वक़ार फ़ातमी

आईना ख़ालिदा के लिए

मौज

ख़ालिदा,
तुम इक शाख़ हो
सरसब्ज़ पत्तियों से घिरी शाख़ हो
तुम इक ऐसा सफ़र जिसका दिन
तुम्हारी आँखों की झील के पानी में डूबता है
वो मौज हो, ऐसी इक मौज हो
जिसने दिखलाई तारों की रोशनी
बादलों का चेहरा और बताया
कि गुबार की आहें भी फूल हैं

ज़ेरे-आब

रात की तारीक़ी से बुने हुए कपड़े पहने
हम सोए हुए थे
गर्दो-गुबारवाली रात थी
हम अपना ग़म अन्दर समेटे हुए थे
ख़ून हमारा बेहद हल्का था
बाजों की आवाज़ें
सूरज की रोशनी पानी के नीचे थी
रात हामला थी, सूरज कोख में

ज़ियाँ

...... एक बार
तुम्हारी बाहों से घिरा, मैं अपना रस्ता भूल चुका था
मेरे होंठ एक क़िले की मानिन्द थे
जिन्हें एक अजीबोग़रीब फ़तह का शोख़ था
कुर्ब......
तुम्हारी कमर—सुलतान है
और तुम्हारे हाथ
कमुकवाले लश्कर का हरावल हैं
तुम्हारी आँखें पनाहगाहें
हम मिले और खो गए
साथ-साथ आग के जंगल में
मैंने पहले क़दम का ख़तरा मोल लिया
और तुमने रास्ते की निशानदेही की

थकन

अज़ीज़ा
पुरानी थकन की हमारे घरों पर युरिश है
थकन दरो-दीवार पर नुमायाँ है !
ये मुन्तज़िर है
तुम्हारे सो जाने को
और फ़ौरन ही ग़ायब होगी
कितना परेशाँ हो जाता हूँ मैं
इसके सफ़र से, दौड़ता हूँ, घरों के चक्कर लगाता हूँ
पेड़ों से दरयाफ़्त करता हूँ, आवाज़ें देता हूँ, दुआ करता हूँ
''इसकी एक झलक की'' कैसे, क्यों, कहाँ
हवाएँ आती हैं, टहनियाँ आती हैं
मगर तुम नहीं आतीं

मौत

हमारे मिलते ही, चन्द लम्हे बाद
वक़्त फिर लौट जाता है,
छोटा ज़माना आ जाता है
क़दमों की आहटें और
वही पुराने लौटनेवाले रास्ते आ जाते हैं।
घर बूढ़ा हो जाता है, पलंग बिछा देती है ज़माने की आग,
मर जाता है
तकिया, ख़ाली तकिया रह जाता है

माज़ी

हर इक दिन इक नन्ना बच्चा है
पसे-दीवार जो मर जाता है
अपना मुँह दीवार की तरफ़ किए हुए
मकान उड़े चले जाते हैं, उस आसेब के सामने
क़ब्र से उठता, इन्तक़ाम, इन्तक़ाम, चीख़ता

यह सदा आसमानी नहीं
बल्कि आती है तल्ख़ सरज़मीं से
क़स्बों, चौराहों और ग़रीबों के घरों पर
दनदनाती गोलियों से
और रेगज़ारों से आती है यह सदा,
और इसके चेहरे पर कबूतरों और झुलसे फूलों की भूक है

आग का पेड़

नदी किनारे एक दरख़्त
झुकी हुई शाख़ों की बाहें
आँसू आँसू साहिल साहिल फैल गया है।
मेरी पेशगोई को सुन-दरया सुन
आग—मुक़द्दर

मैं, अनदेखा
इक पत्ता हूँ, आख़री पत्ता टहनी का
मेरे जवाँ यूँ ख़त्म हुए हैं
ऐसे जैसे आग बुझे
खोज न छोड़े

असीरे-ख़नाए-तीरगी

बुलन्दियों की तरफ़ चल पड़ो
मगर कैसे?
पहाड़ हाथों में मिशअल मगर नहीं रखते
न बर्फ़ ज़ारों की ऊँचाइयों पे ज़ीने हैं
जो इन्तज़ार करें मेरा,
मेरे आने का
यहीं से इसलिए सुन लो
पयामे-वजहे-मलाल
मैं जब भी उठता हूँ
तो मेरा गर्म लहू हौसला पुकारता है
नहीं, नहीं
तो मुझे घेरता है अँधियारा
ग़मों का तंग नज़र अँधियारा

आदम

कर्ब आमेज़ पुरदर्द आवाज़ में
मुझसे आदम ने सरगोशियों में कहा
मैं दुनिया ज़माने का वालिद नहीं
न जन्नत का दीदार मैंने किया
मुझको तुम लोग पेशे-ख़ुदा ले चलो

एलेन गिंसबर्ग

अंग्रेज़ी से अनुवाद

चन्द्रकान्त देवताले

वे दो

उस वृक्ष ने कहा–
अपने नीचे खड़ी उस सफ़ेद कार को मैं पसन्द नहीं करता
बदबू आती है उससे पेट्रोल की
पास के दूसरे वृक्ष ने कहा–
तुम झींकते ही रहते हो सदा
दिमाग़ी तौर से गड़बड़ हो तुम
एक तरह से सोचो खुद जान सकते हो
कि कहाँ अड़े हुए हो तुम

बड़े दिन का उपहार

बसन्त के दिनों प्रिन्सटन के घास-मैदान पर
सपने में मैं आइन्सटाइन से मिला
नीचे झुककर मैंने उनके कोमल अँगूठे को चूमा
रक्ताभ पोप की तरह उनका चेहरा
ताज़ा, उदार और गुलाबी लग रहा था
मैंने मैस्कालिन का उद्धरण देते कहा—
''कुमारी मेरी ही की तरह कुछ मैंने एक
पृथक ब्रह्माण्ड की खोज की है''
''हाँ सृष्टि स्वतः को ही जन्म देती है''
हम सर्वव्यापी ग्रीष्म के मुक्ताकाश नीचे
दोपहर भोज के लिए बैठे
मौजूद थीं ही टेनिस कोर्ट क्लब पर प्राध्यापकों की पत्नियाँ
हमारी मुलाक़ात अनादि-अनंत सिद्ध हुई, जैसी कि उम्मीद थी
उनकी मुट्ठी को चूमने के अपने अप्रत्याशित सूफ़ियाना
अन्दाज़ पर ग़ौर कर अणुबम का ज़िक्र मैंने नहीं किया

नेरुदा की मृत्यु पर

कोई साँस प्रकट करती है एडोनेस और केन्टो जनरल को
कोई साँस बमों और कुत्तों की भौंक को अभिव्यक्त करती है
कोई साँस हरे बर्फ़ीले पहाड़ों पर फुसफुसाती है मौन को
कोई साँस कुछ भी नहीं व्यक्त करती

एक प्रेत आ सकता है

मुझे लगता है जैसे मैं एक मृत छोर पर हूँ
और इसलिए मैं ख़त्म हो चुका हूँ।
मैं महसूस करता हूँ सत्य हैं सभी
आध्यात्मिक तथ्य किन्तु मैं कभी भी छुटकारा नहीं पा सकता
बन्दी होने और स्व की तुच्छता
उस सबकी निस्सारता की भावना से जो मैंने देखा, किया और कहा।
मुमकिन है यदि मैंने अपना रवैया
जारी रखा होता तो चीज़ों से मुझे अधिक प्रसन्नता होती
किन्तु अब मुझे कोई उम्मीद नहीं है और मैं थक चुका हूँ

मृत्यु में सबसे निकटतम तक नहीं पहुँच सकता

हम मृत्यु के बारे में वह सबकुछ जानते हैं
जो हम कभी भी जान सकेंगे
क्योंकि हम सभी ने अनुभव की है वह स्थिति
पैदा होने के पहले ही।
जीवन अँधेरे में खुलनेवाले दो दरवाज़ों के
बीच की यात्रा लगता है।
दोनों वही हैं और वस्तुतः शाश्वत,
और यह कहा जा सकता है कि हम अंधकार में मिलते हैं।
शाश्वत छोरों के इस मिलन में ही
उद्‌भासित होती है काल की प्रकृति

विस्मयकारी है ऐसा सोचना
कि मनुष्य का चिन्तने और व्यक्तित्व
उसके अनन्त में प्रयाण के बाद ही
काल में अमरत्व प्राप्त करते हैं।
यदि तुम क़ब्र से बाहर देखोगे इसकी तरफ़
तो पाओगे कि एक काल ही सर्वकाल है।

वास्को पोपा

अंग्रेज़ी से अनुवाद

सोमदत्त, शिवकुटीलाल वर्मा

नन्हीं डिबिया का शिल्पी

नन्हीं डिबिया मत खोलना
सरग की छत टपक पड़ेगी उसमें से

किसी भी कारण से बंद मत करना उसे
कुतर डालेगी वह साड़ी अमरता की

पटक मत देना उसे धरती पे
फूट जायेंगे उसमें रखे सूरज के अंडे

हवा में मत उछालना उसे
टूट जाएँगी उसके भीतर धरती की हड्डियाँ

बाँधना मत उसको अपनी मुट्ठी में
तारों की झिलमिल में खटास पैदा हो जाएगी

कसम भगवान की आखिर कर क्या रहे हो तुम
आँख से ओझल मत होने देना उसे

नन्हीं डिबिया के किराएदार

नन्हीं डिबिया में फेंको
पत्थर
पाओगे चिड़िया तुम
डालो अपनी परछाईं
पाओगे उससे खुशियों की बनी कमीज़
अपने पिता की जड़ें फेंको उसमें
पाओगे उससे धुरी ब्रह्माण्ड की

नन्हीं डिबिया काम करती है तुम्हारे

डालो नन्हीं डिबिया में
चूहा
पाओगे उससे तुम शेख़ी मारती पहड़िया एक
अपनी सीप फेंको उसमें
पा सकोगे उससे तुम पात्र अमरता का
रक्खो अपना सिर
दो पाओगे

काम करती है नन्हीं डिबिया तुम्हारे

अनुवाद : सोमदत्त

विस्मृति

दूर अँधेरे में से

मैदान ने अपनी जीभ लपलपायी
अनियंत्रित मैदान
विछिन्न विश्रृंखलित घटनाएँ
चुके मुरझाये शब्द
सपाट चेहरे

यहाँ वहाँ
धुएँ का एक हाथ

पतवारविहीन साँसें
पंखविहीन विचार
आत्मीयताविहीन निगाहें

यहाँ वहाँ
धुंध का एक फूल

बिना जीन कसी परछाइयाँ
अधिक
और अधिक ठंडे होते हुए तलुवे
खिलखिलाहट की गर्म राख

गुलाब-चोर

कोई एक गुलाब का पेड़ बन जाए
कुछ हवा की बेटियाँ बन जाएँ
कुछ गुलाब के चोर बन जाएँ

गुलाब-चोर गुलाब के पेड़ पर चढ़ते हैं
उनमें से कोई
एक गुलाब चुराता है
और अपने दिल में छिपा लेता है

हवा की बेटियाँ प्रकट होती हैं
सौंदर्य से वंचित पेड़ को देखती हैं
और गुलाब के चोरों का पीछा करती हैं

वे उनके सीने एक-एक करके खोलती हैं
कुछ में वे दिल पाती हैं
कुछ में उनकी सहायतार्थ कुछ नहीं

वे उनके सीने खोलती चली जाती हैं
अन्त में वे एक दिल उघाड़ती हैं
और उस दिल में पा जाती हैं
वही चोरी गया गुलाब !

राख

कुछ हैं रातें
कुछ तारे हैं!

हर रात रोशन करती है
अपना तारा
और उसके चारों ओर नाचती है
एक काला नाच
जब तक कि जलकर भस्म नहीं हो जाता
वह तारा!

तब टूट जाती हैं रातें
कुछ बन जाती हैं तारे
कुछ तब भी बनी रहती हैं रात

हर रात रोशन करती है
अपना तारा
और उसके चारों ओर नाचती है
एक काला नाच
जब तक कि जलकर भस्म नहीं
हो जाता वह तारा

अंतिम रात स्वयं बनती है तारा
स्वयं बनती है रात
और अपने ही चारों ओर
नाचने लगती है
काला नाच!

कहानी की कहानी

बहुत दिनों पहले एक कहानी थी

उसके आरम्भ के पूर्व ही
उसका अंत आ गया
और उसका आरम्भ
उसके अंत के बाद हुआ

उसके नायक
अपनी मृत्यु के बाद
उसमें प्रविष्ट हुए
उसके नायकों ने बातें कीं
किसी धरती के बारे में
किसी आकाश के बारे में

उन्होंने सिर्फ़ यह नहीं बताया
जो उन्हें स्वयं नहीं मालूम था
कि उस कहानी के नायक
बस वे ही थे

एक ऐसी कहानी के नायक
जिसका अंत उसके आरम्भ के पहले आ जाता है
और जिसका आरम्भ होता है
उसके अंत के बाद!

अनुवाद : शिवकुटीलाल वर्मा

रघुवीर सहाय

रामदास

चौड़ी सड़क गली पतली थी
दिन का समय घनी बदली थी
रामदास उस दिन उदास था
अंत समय आ गया पास था
उसे बता यह दिया गया था उसकी हत्या होगी

धीरे-धीरे चला अकेले
सोचा साथ किसी को ले ले
फिर रह गया, सड़क पर सब थे
सभी मौन थे सभी निहत्थे
सभी जानते थे यह उस दिन उसकी हत्या होगी

खड़ा हुआ वह बीच सड़क पर
दोनों हाथ पेट पर रखकर
सधे क़दम रख करके आये
लोग सिमटकर आँख गड़ाये
लगे देखने उसको जिसकी तय था हत्या होगी

निकल गली से तब हत्यारा
आया उसने नाम पुकारा
हाथ तौलकर चाकू मारा
छूटा लोहू का फ़व्वारा
कहा नहीं था उसने आख़िर उसकी हत्या होगी

भीड़ ठेलकर लौट गया वह
मरा पड़ा है रामदास यह
देखो देखो बार-बार कह
लोग निडर उस जगह खड़े रह
लगे बुलाने उन्हें जिन्हें संशय था हत्या होगी

नेता क्षमा करें

लोगो, मेरे देश के लोगो और उनके नेताओ
मैं सिर्फ़ एक कवि हूँ

मैं तुम्हें रोटी नहीं दे सकता न उसके साथ खाने के लिए ग़म
न मैं मिटा सकता हूँ ईश्वर के विषय में तुम्हारा सम्भ्रम

लोगों में श्रेष्ठ लोगो मुझे माफ़ करो,
मैं तुम्हारे साथ आ नहीं सकता।

यानी कि आप ही सोचें कि जो कवि नहीं हैं
कि लोग सब एक तरफ़ और मैं एक तरफ़
और मैं कहूँ कि तुम सब मेरे हो
पूछिए, कौन हूँ मैं ?

मैंने कोशिश की थी कि कुछ कहूँ उनसे
लेकिन जब कहा तुमको प्यार करता हूँ
मेरे शब्द एक लहरियाता दोगाना बन
उकड़ूँ बैठे लोगों पर भिनभिनाने लगे

फिर कुछ लोग उठे बोले कि आइए तोड़ें पुरानी—फ़िलहाल मूर्तियाँ
साथ न दो हाथ ही दो सिर्फ़ उठा

झोले में बन्द कर एक नयी मूर्ति मुझे दे गये

यानी कि आप ही देखें कि जो कवि नहीं हैं
अपनी एक मूर्ति बनाता हूँ और ढहाता हूँ
और आप कहते हैं कि कविता की है
क्या मुझे दूसरों की तोड़ने की फ़ुरसत है ?

हँसो हँसो जल्दी हँसो

हँसो तुम पर निगाह रखी जा रही है

हँसो अपने पर न हँसना क्योंकि उसकी कड़वाहट
पकड़ ली जायेगी और तुम मारे जाओगे
ऐसे हँसो कि बहुत खुश न मालूम हो
वरना शक़ होगा कि यह शख़्स शर्म में शामिल नहीं
और मारे जाओगे

हँसते-हँसते किसी को जानने मत दो किस पर हँसते हो
सब को मानने दो कि तुम सब की तरह परास्त होकर
एक अपनापे की हँसी हँसते हो
जैसे सब हँसते हैं बोलने के बजाय

जितनी देर ऊँचा गोल गुंबद गूँजता रहे, उतनी देर
तुम बोल सकते हो अपने से
गूँज थमते-थमते फिर हँसना
क्योंकि तुम चुप मिले तो प्रतिवाद के जुर्म में फँसे
अन्त में हँसे तो तुम पर सब हँसेंगे और तुम बच जाओगे

हँसो पर चुटकुलों से बचो
उनमें शब्द हैं
कहीं उनमें अर्थ न हों जो किसी ने सौ साल पहले दिये हों

बेहतर है कि जब कोई बात करो तब हँसो
ताकि किसी बात का कोई मतलब न रहे

और ऐसे मौक़ों पर हँसो
जो कि अनिवार्य हों
जैसे ग़रीब पर किसी ताक़तवर की मार
जहाँ कोई कुछ कर नहीं सकता
उस ग़रीब के सिवाय
और वह भी अक्सर हँसता है

हँसो हँसो जल्दी हँसो
इसके पहले कि वह चले जायें
उनसे हाथ मिलाते हुए
नज़रें नीची किये
उनको याद दिलाते हुए हँसो
कि तुम कल भी हँसे थे

बड़ी हो रही है लड़की

जब वह कुछ कहती है
उसकी आवाज़ में
एक कोई चीज़
मुझे एकाएक औरत की आवाज़ लगती है जो
अपमान बड़े होने पर सहेगी

वह बड़ी होगी
डरी और दुबली रहेगी
और मैं न होऊँगा
वे किताबें वे उम्मीदें न होंगी
जो उसके बचपन में थीं
कविता न होगी साहस न होगा
एक और ही युग होगा जिसमें ताकत ही ताकत होगी
और चीख़ न होगी

लम्बी और तगड़ी बेधड़क लड़कियाँ
धीरज की पुतलियाँ
अपने साहबों को सलाम ठोंकते मुसाहबों को ब्याह कर
आ रही होंगी जा रही होंगी
वह खड़ी लालच में देखती होगी उनका क़द

एक कोठरी होगी
और उसमें एक गाना जो खुद गाया नहीं होगा किसी ने
क़ैदी से छीनकर गाने का हक़ दे दिया गया होगा वह गाना

कि उसे जब चाहो तब नहीं जब वह बजे तब सुनो
बार-बार एक-एक अन्याय के बाद वह बज उठता है

वह सुनती होगी मेरी याद करती हुई
क्योंकि हम कभी-कभी साथ-साथ गाते थे
वह सुर में मैं सुर के आस-पास

एक पालना होगा
वह उसे देखेगी और अपने बचपन की यादें आयेंगी
अपने बचपन के भविष्य की इच्छा
उन दिनों कोई नहीं करता होगा
वह भी न करेगी

लोग भूल गये हैं

लोग भूल गये हैं एक तरह के डर को जिसका कुछ उपाय था
एक और तरह का डर अब वे जानते हैं जिसका कारण भी नहीं पता
इसमें एक तरह की ख़ुशी है
जो एक नीरस ज़िन्दगी में कोई सनसनी आने पर होती है
कभी किसी को मौत की ख़बर सुनकर मुस्करा उठते हुए
अनजाने में देखा होगा
वह एक तरह की अनायास ख़ुशी होती है
मौत का डर अपने से दूर चले जाने की राहत की
और फिर ध्यान उसी वक़्त कभी-कभी ऐसे बँट जाता है कि हम
मरनेवाले की तकलीफ़ कभी
जान सकने के लायक़ नहीं रह जाते

रोज़ कुछ और लोग यह भुतही मुस्कान लिये हुए सामने से जाते हैं
जब वह दोबारा आयेंगे देखना वे मरे हुए हैं
और जब तिबारा आयेंगे तो भ्रम होगा कि नहीं मरे हुए नहीं
यों ही वे आते-जाते रहेंगे
और तुम देखकर बार-बार यह दृश्य आपस में कहोगे हम ऊब गये
एक ऊब और भुतही मुस्कान दोनों मिलकर
एक ख़ुशी और एक बेफ़िक्री बनते हैं
आज के समाज का मानस यही है तुम कहते हो इस कविता में
बगैर यह जाने कि तुम कितना कम इस समाज को जानते हो
कितना कम जानते हो तुम उस डर के कारण को
आज की संस्कृति का जो मूल स्रोत है

और क्या जानते हो तुम अतीत को?
तुम नहीं जानते तुम्हारे पुरखे कितने वर्ष हुए कहाँ-कहाँ थे
पीछे चलते हुए
तुम ठहर जाते हो सबसे समृद्ध और शक्तिवान
अपने किसी पूर्वज पर
उसके पीछे चलो
वह कैसे धनी हुआ किस बड़े अत्याचारी का गुमाश्ता बनकर
उनका भी बाप कहाँ रद्दी बीनता था
और किस-किस के सामने गिड़गिड़ाता था
तुम्हारा आदिपुरुष एक लावारिस बच्चे का दुत्कार से भरा
जीवन जीकर कैसे बड़ा हुआ

तुम्हें नहीं मालूम
तुम्हें नहीं मालूम कितना था वह धर्मात्मा
और उसके प्राणों ने किस तरह की यातनाएँ उठायी थीं

यात्रा में घर से निकलते ही एक सुख होता है
और शहर छोड़ते ही पश्चाताप एक
जिनको तुम पीछे छोड़ आये हो उनसे तुम्हारा व्यवहार उचित नहीं था
निर्दय था लोभी था
उनके साथ रहते हुए निजहित में लिप्त
और वे केवल छूट नहीं पाने की दुविधा में तुम्हारे साथ रहते थे
अब भी क्या मुक्त हैं तुम्हारे जाने पर वे?
नहीं
जानते हैं कि लौटकर तुम फिर से
उसी रुग्ण रिश्ते को फिर से बनाओगे
कहते हैं कि हम बहुत बेचारे हैं
क्रोध इस घर में न करो
टूटे हुए बच्चों के सहारे क्रोध से टूट जाते हैं

समय ही करेगा दुःख दूर यों कहते हो
आनेवाला समय कितने अन्यायों के बोझ से लदा हुआ इस दुःख को काटेगा
अन्याय के शिकार के लिए मन में समाज के जगह नहीं होगी तो

एक धनी नफ़रत और साधारण लोगों से बदले की भावना
इन तमाम बूचे उटंगे मकानों को बनाती चली जाती है
यह संस्कृति इसी तरह के शहर गढ़ेगी

हम उपन्यास में बात मानव की करेंगे
और कभी बता नहीं पायेंगे
सूखी टाँगें घसीटकर खम्भे के पास में आकर बैठे हुए
लड़के के सामने पड़े हुए तसले का अर्थ

हम लिखते हैं कि
उसकी स्मृतियों में फ़िलहाल एक चीख़ और गिड़गिड़ाहट की हिंसा है
उसकी आँखों में कल की छीनाझपटी और भागमभाग का पैबन्द इतिहास
उसके भीतर शब्दरहित भय और जख़्मी आग है

यह तो हम लिखते हैं पर उस व्यक्ति में हैं जो शब्द वे हम जानते नहीं
जो शब्द हम जानते हैं उसकी अभिव्यक्ति नहीं विज्ञापन हमारा है

कितनी ईमानदारी से देखती है
वह लड़की दर्पण
वह लड़की जो बहुत सुन्दर नहीं है पर कुछ उसमें सुन्दर है
कौन पहचानेगा कि आखिर वह क्या है जो सुन्दर है ?
वह ख़ुद
वह ख़ुद शीशे में जो पढ़ेगी वही सही होगा
नहीं तो और जो होगा
वह किसी बड़े राष्ट्र द्वारा
आदिवासियों में पायी जानेवाली किसी विचित्रता का होवेगा आविष्कार

दुनिया ऐसे दौर से गुज़र रही है जिसमें
हर नया शासक पुराने के पापों को आदर्श मानता
और जन वंचित जन जो कुछ भी करते हैं कामधाम रागरंग
वह ऐसे शासक के विरुद्ध ही होता है
यह संस्कृति उसको पोसती है जो सत्य से विरक्त है
देह से सशक्त और दानशील धीर है
भड़ककर एक बार जो उग्र हो उसे तुरन्त मार देती है

अपने-अपने क़स्बों का नाम न लेकर वे लखनऊ का नाम लेते हैं
जहाँ वे नौकरी करने आये थे
जैसे वहीं पैदा हुए और बड़े हुए हों
क्योंकि वह किसी क़दर आधुनिक बनना है
और फिर दिल्ली उन्हें समोकर अथाह में आधुनिक होने की फ़िक्र मिटा देती है

दूर के नगर से पत्र आया है
लिखा है कि गुड्डन की माँ का स्वर्गवास हो गया है
नहीं लिखा यह कि बीस वर्ष से विधवा थी वह
उसके बीस वर्ष कोई नहीं लिखता क्योंकि एक साथ बीस वर्ष हैं अब वे
भाषा की बधिया हमेशा वक़्त के सामने बैठ जाती है

छुओ पोस्टकार्ड को उसमें दोटूक सन्दर्भहीन समाचार फिर पढ़ो
और कोशिश करो कि उस नगर के अकाल का कोई अतापता
लिपि से ही मिल जाये
नहीं वह सुथरी है साफ़ है सधी है अजब से तरीक़े से
लिखनेवाला मानों मर चुका था बच रहा था केवल धीरज

देखो अपने बच्चों के दु:ख को देखो
जब उनकी देह में तुम देखते होगे अपने को देखना
वही मुद्राएँ जो तुम्हारी हैं बार-बार उन पर आ जाती हैं
हड्डियाँ जिससे वे बने हैं—एक परिवार की
और बचपन के गुदगुदे हाथ की हल्की-सी झलक भी

नाच-गाना और भोग-विलास
फ़ुरसती वर्ग के लड़के-लड़कियों के शग़ल बनते हैं
फिर इनका रोब घट जाता है और ये समाज में वहीं कहीं पैठ
जाते हैं बिखराव, बरबादी और हिंसा बनकर

एक बहुत बड़े षड्यन्त्र के बीच में अपने घर में रहनेवालों से रिश्ते बनाओ
और सुधारो
घर में रह सकते नहीं हो मगर सारा दिन
कुछ दु:ख बाहर से ले आयेंगे तुम्हारे घर उस घर के लोग
और लोगों को भी बार-बार घर से बाहर जाना होगा

शिक्षा विभाग ने कुछ दिन पहले ही घोषित किया है
छात्रवृत्ति के लिए अर्हता में यह भी शामिल हो
कि छात्र के पिता की हत्या हो गयी है

सावधान, अपनी हत्या का उसे एकमात्र साक्षी मत बनने दो
एकमात्र साक्षी जो होगा वह जल्दी ही मार दिया जायेगा।

धूप

देख रहा हूँ
लम्बी खिड़की पर रक्खे पौधे
धूप की ओर बाहर झुके जा रहे हैं
हर साल की तरह गौरैया
अबकी भी कार्निस पर ला-ला के धरने लगी है तिनके
हालाँकि यह वह गौरैया नहीं
यह वह मकान भी नहीं
ये वे गमले भी नहीं, यह वह खिड़की भी नहीं
कितनी सही है मेरी पहचान इस धूप की।

कितने सही हैं ये गुलाब
कुछ कसे हुए और कुछ झरने-झरने को
और हल्की-सी हवा में और भी, जोखम से
निखर गया है उनका रूप जो झरने को हैं।

और वे पौधे बाहर को झुके जा रहे हैं
जैसे उधर से धूप इन्हें खींचे लिये ले रही है
और बरामदे में धूप होना मालूम होता है
जैसे ये पौधे बरामदे में धूप-सा कुछ ले आये हों।

और तिनका लेने फुर्र से उड़ जाती है चिड़िया
हवा का एक डोलना है : जिसमें अचानक
कसे हुए गुलाब की गमक है और गर्मियाँ आ रही हैं–
हालाँकि अभी बहुत दिन हैं–
कितनी सही है मेरी पहचान इस धूप की।

और इस गौरैया के घोंसले की कई कहानियाँ हैं
पिछले साल की अलग और उसके पिछले साल की अलग
एक सुगन्ध है
बल्कि सुगन्ध नहीं एक धूप है
बल्कि धूप नहीं एक स्मृति है
बल्कि ऊष्मा है, बल्कि ऊष्मा नहीं
सिर्फ़ एक पहचान है
हल्की-सी हवा है और एक बहुत बड़ा आसमान है
और वह नीला है और उसमें धुआँ नहीं है
न किसी तरह का बादल है
और एक हल्की-सी हवा है और रोशनी है
और यह धूप है, जिसे मैंने पहचान लिया है
और इस धूप से भरा हुआ बाहर एक बहुत बड़ा नीला आसमान है
और इस बरामदे में धूप और हल्की-सी हवा और एक वसन्त।

जॉन एशबेरी

अंग्रेज़ी से अनुवाद

मदन सोनी

कुछ पेड़

ये अद्‌भुत हैं : हर एक
रिश्ता जोड़ता पड़ौसी से, मानो भाषा
एक मौन नाटक हो
संयोग से आयोजित।

मिलने के लिए इस सुबह दूर
दुनिया से जैसे सहमत होते
इसके साथ, तुम और मैं
अचानक वही हैं जो चाहा पेड़ों ने

हमें बताने जो हम हैं :
कि उनका वहाँ होना-भर
कुछ अर्थ रखता है; कि जल्दी ही
हम कर सकेंगे स्पर्श, प्रेम, व्याख्या।

और प्रसन्न कि हमारी खोज नहीं है
यह चारुता अभिभूत हैं जिससे हम :
एक मौन जो गझिन है आवाज़ों से,
एक कैनवस जिस पर उभरता है

मुस्कुराहटों का एक कोरस, एक सुबह सर्दियों की।
एक पहेलीमय आलोक में स्थित और गतिमान
हमारे दिनों ने साधा है ऐसा मौन
कि अपना ही बचाव लगते हैं ये उच्चार।

नदी

वह खुद को कुछ अधिक ही अच्छा समझती है
इन सामान्यीकरणों के लिए और
द्रवित होती है इन्हीं से। सामने का तट
छाँह में डूबा है, यह
अहंकार में। लेकिन मध्य
ढहता और बनता है लगातार।
पिकनिक की मेज़ पर एक युगल (लेकिन
यह बहुत जल्दी है पिकनिक के लिए इस मौसम में)
भटक चुके हैं आरपार नदी की
अपनी चाल के अनजान ज्ञान के द्वारा
बचने उस अत्यधिक अन्तर्ज्ञान की
संभावित ऊब और कीर्ति से पूरा दृश्य
घिरा है जिसकी पारदर्शिता से। ''बहुत जल्दी है''
वह कहती है, ''इस मौसम में।'' एक बाज़ तिरता चला जाता है।
''वापस भेज दो हरेक को शहर।''

अपना प्रेम बताने की कोशिश कभी मत करो

बहुत से रंग तुम्हें ले जाएँगे अपने में
लेकिन अब मैं चाहता हूँ कोई बताए किस तरह जाऊँ घर।
पीछे छूटी राह में है रंगबिरंगी और एक छलनी
छायादार जगह। वह वहाँ की है जहाँ वह जा रही है

वहाँ की नहीं जहाँ वह है। फूल अब बोलते नहीं इदा से।
सिर्फ़ फूलों की भाषा बोलते हैं वे
कुछ इस तरह कहते हुए, वहाँ पहुँचने कितनी कठिन कोशिश की मैंने।
यही इसका अर्थ होना चाहिए मैं यहाँ अब तक नहीं हूँ। लेकिन तुम,
तुम दीखते हो इस क़दर औपचारिक, इस क़दर गम्भीर। तुम पढ़ नहीं सकते कविता
न वह तरीक़ा जिससे वे सिखाते थे हमें पहले स्कूल में।

मर्म पर लौटना तब ख़ास बात होती थी हमेशा।
कभी भी क्या हम छोड़ सके इसे? मुझे नहीं लगता। यह था हमारा उत्तरी ध्रुव।
हम छुपे रहे और भूखे बने रहे बरसों, और अब
स्तब्ध कीड़ों की तरह छूकर गुज़रते हुए उजली हवाओं को,
तुम फिर वापस हो रास्ते पर, राह जो बढ़ती है
उत्साह से ऊँचाइयों की ओर, पार करती साफ़ और समझदार अन्तराल।
वे अब नहीं गढ़ते आश्रय हमारी तरह।

और थामे हुए वह तन्तु जो जाले-सा महीन लेकिन मज़बूत है किस क़दर
हममें से हर एक बढ़ता चला जाता है अपनी ही भूल-भुलैया में।

अदृश्यता का उपहार
देवताओं के अलावा सभी को हासिल, इसीलिए हम कहते हैं ये बातें,
भरते हुए रास्तों को रंगों से चेहरों से,
मधुर उच्चारों से, जब तक वे हमें सत्य में झोंक नहीं देते।

पियक्कड़ अमरीकी

मैंने आईने में प्रतिबिम्ब देखा
और वह नगण्य है या नाकाफ़ी
बताने के लिए भेद, गढ़ने ख़ुद को
एक पुरानी, औसत क़स्बाती रोशनी से,

और बाद में जब बस का ट्रिप
ख़ाली कर चुका था मेरा जेब उसमें रखे कुछ सिक्कों से
उसे बहस करते देखा गया था धुँधले काँच के पीछे
एक अदृश्य दूकानदार से। क्या हुआ अगर तुम हासिल नहीं कर सकते
यह भी? क्योंकि लगता है कि तमाम
क्षण ऐसे ही हैं : नाज़ुक, असंतोषजनक
उन नश्वर चीज़ों से जो हर बार और भी क्षरित मिलती हैं जब तुम लौटते हो
उसकी ओर
जब तक कि एक दिन तुम कैनवस को फ्रेम से उतार नहीं लेते

और घर नहीं ले जाते उसे अपने साथ। तुम सोचते हो
तुम्हारी दैवी हठधर्मिता जीत गयी है
दुखदायी दृश्यालेख से : ये चीज़ें असल हैं जैसे मांस
जैसे आँसू। कलंकित हैं हम सब इस चाहना से, इस क्षण में जो अन्तिम है,
अन्तिम।

मृत्यु-भय

अब यह कौन-सी चीज़ है मेरे साथ
और क्या यह वैसी ही है जैसा मैं हो गया हूँ ?
क्या ऐसी कोई अवस्था नहीं जो मुक्त हो सीमाओं से
पहले और बाद से ? आज खिड़की खुली है

और बहती आ रही है हवा पियानो की तरंगों को समेटे
अपने आँचल में, मानो यह कहने, ''देखो जॉन
मैं ये ये लाई हूँ''—यानी
कुछ बिथोविन, कुछ ब्राहम,

कुछ चुनिन्दा पाउलेंक नोट्स···हाँ
वह फिर मुक्त हो रही है, हवा, वापस आते रहना होगा उसे
क्योंकि इतने-भर के लिए वह ठीक है।
मैं रहना चाहता हूँ उसके साथ निर्भय

जो रोकती है मुझे कुछ ख़ास डग भरने से
दस्तक देने से कुछ ख़ास दरवाज़ों पर, डर से अकेला बूढ़ा
हो जाने के और यात्रा की सांध्य बेला में किसी के न मिलने के
सिवा एक और ख़ुद के

सिर हिलाते शिष्टाचार से : ''अस्तु, तुम रह लिए कुछ देर
लेकिन अब हम फिर से साथ हैं, यही है जो मानी रखता है।''
दिखाते हुए मुझे रास्ता, तुम इसे छोटा कर सकते थे,
लेकिन थम चुका है समीर और मौन अन्तिम शब्द है।

तादयूश रोज़ेविच

अंग्रेज़ी से अनुवाद

सोमदत्त

शोधन

लजाओ मत आँसुओं से
आँसुओं से न लजाओ युवा कवियो

रीझो चाँद पर
चाँदनी रात पर
रीझो निर्मल प्रेम और कोयल के सुरों पे

स्वर्ग जाने से मत डरो
तारों तक पहुँचो
तुलना करो आँखों की तारों से

अभिभूत होओ जंगली गुलाब से
नारंगी तितली से
उदित और अस्त होते सूरज से

चुगाओ प्यारे कबूतरों को
विहँसते देखो ध्यान से
कुत्तों एंजिनों फूलों और गेंडों को

आदर्शों की बात करो
गीत गाओ जवानी के
भरोसा करो गुज़रते अजनबी पर

भोलापन तुम्हें देगा भरोसा सुन्दरता पर
भावुकता से तुम पहुँचोगे मनुष्य पर भरोसे तक

लजाओ मत आँसुओं से
आँसुओं से न लजाओ युवा कवियो

हँसी

पिंजरा इतने दिन बंद रहा
कि एक चिड़िया पैदा हो गई उसमें

इतने दिन खामोश रही चिड़िया
पिंजरा खुला
खामोशी की जंग-लगा

खामोशी इतनी देर तक रही कि
काले सींख़चों के पीछे से
फूट पड़ी हँसी

कौन ग़ैरहाज़िर है

(अपने नन्हें विद्यार्थी ज़िसज़ेक की स्मृति में)

कौन डूब गया
कौन नहीं है यहाँ

कौन बिलख रहा है इस बुरी तरह
कौन ख़ामोश है
कौन जिसके ओठ नहीं

यह क्या है
तैरकर ऊपर आता
उफ़ कितना ख़ौफ़नाक है यह नन्हा बदन
फूलता हुआ

यह तमाम हलचल ये तमाम लफ़्ज़
कौन नहीं है यहाँ
वही
वह अच्छा लड़का
बदल गया है
चीज़ में
जो बड़ी सफ़ाई से
बाहर आ रही है पानी से
और चाक कर रही है सीना माँ का

कोशिश करती है वो

कभी-कभी कविता
याद दिलाती है
शिशु की हथेली हमें
हथेली गोते लगाती
ब्रह्माण्ड में
कोशिश करती
मुट्ठी होने की

कोशिश करती बाँध ले
फल
परिपूर्ण रूपाकार
लेकिन कमज़ोर है
खुली
लो गिरा फल
भारी और भारी से भारी
विशाल और विशाल से विशाल

वर्णन एक कविता का

मैंने याद करने की कोशिश की
वह आदर्श
अनलिखी
कविता

लगभग हो गई थी
आकार ले लिया था रात में
ठोस
डूबने लगी
और घुलते-घुलते दिन के उजाले में
वह
रही नहीं

कभी महसूस करता मैं उसे
अपनी उँगलियों के पोरों पे
उत्सुक
बैठ जाता कलम ले
हाथ में
इंतज़ार करता धीरज से
जब तक भरोसा न हो जाता मुझे
कि वह भ्रम थी
मैं उठ जाता

वह कविता शायद
कविता थी उसके अपने बारे में

जैसे मोती
बोलता है मोतियों के बारे में
और तितली तितलियों के

वह न तो प्रेम-कविता थी
न शोक-गीत
वह न मर्सिया पढ़ती थी
न तारीफ़
वह न बखान करती थी
न निर्णय
उस कविता ने
जो मुझे गच्चा दे रही है दिन के उजाले में
छिपा लिया ख़ुद को अपनी ख़ुदी में
कभी-कभार
महसूस करता हूँ मैं उसकी कड़ुवाहट
और भीतरी ताप
लेकिन खींचकर लाता नहीं उसे मैं
अँधेरी पोली गहराई से
सपाट तट पर
यथार्थ के

अजन्मी
वह भरती है रिक्तता
छिन्न-भिन्न होते संसार की
अजानी बोली से

गाब्रियल ओकारा

अंग्रेज़ी से अनुवाद

फ़ज़ल ताबिश

नए वर्ष की रात

बज रहे हैं गजर
इक बरस मर गया
और ख़ुदा की रज़ा की मुनाजात
पढ़ता है दिल
अपने इक साल की
सारी आशाओं, गूँगी तमन्नाओं के वास्ते
भूत मँडराते हैं चौ तरफ़
ख़्वाब, ख़्वाबों परे

ख़्वाब, ख़्वाबों परे
डूबती घंटियों में समोते हुए
याद की वादियों में उतरते हुए
जैसे दरिया में
बारिश के क़तरे गिरें

और फिर घंटियाँ बज उठीं
इक नया वर्ष पैदा हुआ
मेरे दिल के गजर
सुबह बजने लगे
लेकिन उसमें घिरी लड़खड़ाती हुई
दिल की छाँवों में
दरिया किनारे बनी राह में
चीज़ें धुँधली-सी दिखलाई दीं

पुर-असरार ढोल

पुर-असरार ढोल बजे मेरे अन्दर
और उनकी लय पर
मछलियाँ नाचीं दरियाओं में
औरत मर्द नाचे ज़मीन पर

लेकिन दरख़्त की ओट में बड़ी हुई वह
कमर के गिर्द पत्तियोंवाली वह
वह सिर्फ़ मुस्कुराई सर हिलाकर

मेरे ढोल बजते रहे झँझोड़ते हवा को अपनी तेज़ गति से
मुर्दों और ज़िन्दों को
विवश करते हुए

लेकिन दरख़्त की ओट में खड़ी हुई वह
कमर के गिर्द पत्तियोंवाली वह
वह सिर्फ़ मुस्कुराई सर हिलाकर

फिर ढोल बजे ज़मीनी चीज़ों की गति से
और जादू जगाया चश्मे-फ़लक,
सूरज, चाँद, नदी, देवता
और दरख़्तों ने रक़्स शुरू किया
मछलियाँ बन गईं आदमी
आदमी बन गए मछलियाँ
और चीज़ों ने बंद कर दिया पैदा होना

लेकिन दरख़्त की ओट में खड़ी वह
कमर के गिर्द पत्तियोंवाली वह
वह सिर्फ़ मुस्कुराई सर हिलाकर

और फिर पुर-असरार ढोल
बन्द हो गए बजना मेरे अन्दर
आदमी आदमी बन गए
मछलियाँ, मछलियाँ
और पेड़ों ने चाँद, सूरज ने
पा लिए अपने-अपने मुक़ाम
और मुर्दे ज़मीन के अंदर चले गए
और चीज़ों ने उगना शुरू कर दिया

और फिर पेड़ की ओट में वह खड़ी
जड़ें फूटतीं उसके पैरों से और पत्तियाँ
उगतीं सर पर और नाक से ख़ारिज होता धुआँ
और उसके लब मुस्कुराने को खुलते ही
अँधेरा निगलते हुए ग़ार-से हो गए

तब मैंने अपने पुर-असरार ढोल समेटे और चल दिया
फिर कभी नहीं बजाने के लिए इस तरह।

चुप लड़की

ऐ प्यारी और चुप लड़की
कौन नहीं बतियाने देता
कौन नहीं देता बतियाने
अपने दिनों और पिछले दिनों के बारे में
कौन नहीं बतियाने देता—बस ख़ामोश
होंठ भिचे हैं और ज़ुबाँ दाँतों में बंद
बोझ ख्यालों का लादे
क्या यह हमारे हाल के बाइस है
हाल, कि जिसने छीन लिया है ज़हन, रतालू और गल्ला
हाल कि जिसने कर डाले बच्चे बालिग़
और बड़ों को कर डाला छोटे बच्चे
नन्ने तुतलाते बच्चे, सीख रहे हैं रेंगना और घुटने चलना
हाल कि जिसने रातों की सरगोशी को
बदल दिया है शोर उगलती बन्दूकों में
भयानक हँसती मौत में, फटते गोलों में
और हमारे पुर-उम्मीद दिनों को बदला
दिल को तोड़नेवाले दिनों में
हाल कि जिसने छीन लिए हैं हमसे हमारे सब जज़्बात
और जवानी हर इक जवाँ से
आओ कि हम माज़ी से टूटें, जिसने जन्मा ऐसा हाल
आओ कि अपना आज बनायें आनेवाले कल का पयाम
चाहे कल हो ख़ाली ख़्वाब
जैसे ख़्वाब, जागें तो ओझल हो जायें
या ऐसा हो बच ही जायें

तुम कि चुप रहनेवाली
या कि मैं गानेवाला
अच्छा चुप प्यारी लड़की
मैं भी चुप हो जाऊँगा
ख़ामोशी को दूँगा ज़बाँ
आओ लगाएँ सपनोंवाले कल की आस
हँसी उड़ाते दिनों से दूर
और सोचों की छाँवों में

चुका हुआ नाम

मैं बस इक नाम हूँ
नाम हवा पर लिखा
तुम्हारे सुकूँ में ख़लल डालता
नापसंदीदा इक शोर-सा
गोश्त और ख़ूँ से ना-आश्ना
ख़ून मेरा तुम्हारी रगों में रवाँ
गोश्त भी हड्डियों पर मढ़ा

मैं बस इक दास्ताँ
सुबह के सारे अख़बारों की
तुमने जिनको अलग रख दिया
या उन्हें फेंका रद्दी में और लग गये
अपने नन्हों की ख़ूराक अंडे, भुने गोश्त और दूध में
और मैं जिसका ख़ून और गोश्त तुम ले चुके
नंगे पाँवों भटकता हूँ
काँटों भरी झाड़ियाँ छानता
वर्म-आलूदा पाँव लिये ढूँढता
अपने नन्हों की ख़ूराक
घोंघे रतालू मकोड़े
मैं बस इक नाम हूँ
इक चुका नाम
दूर इन्सान की नस्ल से
और जब कभी ढेर होते हुए बच्चे
दम तोड़ते हैं सड़क के किनारे

माओं के बे-नमक अश्क बनते हैं झरने
चेहरे पे मेरे
और फिर मैं सड़े गोश्त और ख़ूँ की बदबू में
घिर जाता हूँ

मैं फ़कत इक चुका नाम
क़ुर्बानगाहों के दालानों में
आगे पीछे उछाला हुआ
मज़हबी रस्म के दिल्लगी-शग़ल में
और यह सब तुम्हारी समाअत की ख़ातिर नहीं
वरना जादू उतर जायेगा
जादू जिसने बनाया है मुझको बस इक नाम
डगमगाते हैं हम
मेरा मासूम-ओ-मैं, खाल और हड्डियों बीच कुछ भी नहीं
घोर अँधेरा हमें घेर लेता हर ओर से

मेरा दिल फिर भी गाता है नग़माते-दिन
दिन लबालब मेरे गीत से और बच्चे की मुस्कान से
हाँ मैं गाता हूँ चीख़ों कराहों के अन्धकार में
मरते हुए
मरते, कि जादू ने मुझको बनाया है बस नाम
इक चुका नाम
फिर भी दिल मेरा गाता है
मैं इबादत के घंटों को सुनकर
नक़ाहत से जैसे ही उठता हूँ तो
घंटियाँ तीरगी चीरकर
मुझ तक आती हैं
जैसे कोई हाथ हूँ।

नदी का बुलावा

मैं सुनता हूँ तुम्हारा बुलावा
बुलावा दूर से आता, सुनता हूँ
झपटती पहाड़ियों का हिसार तोड़ते हुए
सुनता हूँ उसे,
चाहता हूँ फिर से देखना तुमको
महसूस करना तुम्हारा ठंडा आलिंगन
या तुम्हारे किनारे ख़ुद को बिठाना
निगलना तुम्हारी साँसें
या पेड़ों की तरह ख़ुद को
तुम पर बिछा देखना
और सवेरे के होठों पर नाचते गीत से
अपने दिनों को फिर से ज़िंदा करना

मैं सुनता हूँ तुम्हारी सरगोशी
अन्दर से उभरती सुनता हूँ उसे
गोश-बर-आवाज़ बच्चे की आत्मा को जगाते
वहाँ-जहाँ रुपहली लहरों को
जलचिड़ियाँ खुश-आमदीद कहती हैं

मेरी नदी भी बुला रही है मुझे
ढकेल रहा है बहाव
मेरी डोलती कश्ती को
उसके मुक़द्दर सफ़र पर
और मरता हुआ हर साल
करीब ले आता है समुद्री चिड़िया का बुलावा

आख़िरी बुलावा
जो जामिद कर देता है मचलती लहरों को
तोड़ देती है ख़ामोशी
मेरी उखड़ती डोंगी को

ए पहेली ख़ुदा
आख़िरी बुलावे के
रहनुमा होंगे
क्या मेरे ही पैदा किए हुए सितारे
ऐ मेरी नदी के गुंजलक रास्ते ?

अर्नेस्तो कार्देनाल

अंग्रेज़ी से अनुवाद

सोमदत्त

व्यंग्योक्तियाँ

लेकिन अब बच नहीं पाओगे, तुम मेरी व्यंग्योक्तियों से : केटेलस

5.
जब मैंने तुम्हें खोया तब खोया हम दोनों ने :
मैंने खोया क्योंकि तुम्ही थीं जिसे चाहा सबसे ज़्यादा मैंने
और तुमने खोया क्योंकि मैं ही था तुम्हें चाहनेवाला सबसे ज़्यादा
लेकिन हम दोनों में से तुमने मुझसे ज़्यादा खोया :
क्योंकि मैं तो दूसरों को भी उसी तरह प्यार कर सकता हूँ जैसे तुम्हें किया
लेकिन तुम वैसा प्यार कभी नहीं पाओगी जैसा मैंने किया तुम्हें

6.
अरी छोकरियो, जो एक दिन पढ़ोगी ये कविताएँ ऊभ-चूभ होते हुए
और देखोगी किसी कवि के सपने :
जानो कि मैंने लिखा उन्हें तुम्हारे जैसी एक लड़की के लिए
और वह सब अकारथ गया

8.
उनने मुझे बताया कि तुम डूबी हो किसी और पुरुष के प्यार में
मैं सीधे अपने कमरे में गया
और सरकार के ख़िलाफ़ वह लेख लिखा मैंने
जिसकी बदौलत मुझे जेल हुई

10.
तुम जो गर्व करती हो मेरी कविता पर
इसलिए नहीं कि वे मैंने लिखीं

बल्कि इसलिए कि उनका उत्स तुम हो
बावजूद इसके कि वे लिखी गईं तुम्हारे ख़िलाफ़,
उत्प्रेरित कर सकती थीं तुम इससे भी अच्छी कविता
उत्प्रेरित कर सकती थीं तुम इससे भी श्रेष्ठ काव्य

11.
गुप्त रूप से मैंने बाँटे हैं छपे पर्चे
अमर रहे स्वतंत्रता ! चिल्लाते हुए बीच गली
ठेंगा दिखाते हुए सशस्त्र सैनिकों को
मैंने हिस्सा लिया अप्रैल-विद्रोह में
लेकिन पीला पड़ जाता हूँ गुज़रते तुम्हारे घर के बाज़ू से
और तुम्हारी एक नज़र थरथर कँपा देती है मुझे

20.
तुम अकेली हो भीड़ में
जैसे चंद्रमा अकेला है
जैसे अकेला है सूर्य आकाश में

कल तुम स्टेडियम में थीं
हज़्ज़ारों लोगों के बीच
और मैंने तुम्हें चीन्ह लिया घुसते ही
मानो तुम अकेली हो
किसी खाली स्टेडियम में

25.
याद करो उन अनगिनत ख़ूबसूरत लड़कियों को जो हुईं :
तमाम, सुन्दरियाँ ट्रॉय की, ''एचिया'' की
''थेब्स'' की कामिनियाँ, और ''प्रापरटियस'' के रोम की,
कितनों ने उनमें से परवा न की प्यार की,
और वे मर गईं, शताब्दियाँ हो गईं उनको दिवंगत हुए
तुम जो प्यारी लगती हो इस वक़्त मानामुआ की गलियों में
उन्हीं की तरह हो जाओगी, बात गये-गुज़रे ज़मानों की
जब रूमानी खँडहर होंगे पेट्रोलपम्प ।

याद करो ''ट्रॉय'' की गलियों में भागती सुन्दरियों को।

32.
हर शाम वह टहलती अपनी माँ के साथ लंदस्त्रासे के किनारे
और उस चौक के मोड़ पर हर शाम,
वहीं, इंतज़ार करता होता हिटलर, उसे गुजरते देखने के लिए
भरी होतीं टैक्सियाँ और बसें–चुम्बनों से
और जोड़े किराए से ले रहे होते नावें दूना नदी पर
लेकिन उसे आता नहीं था नाचना। उसने हिम्मत नहीं की कभी उससे बोलने की
बाद में वह गुज़रती बिना अपनी माँ के, किसी रंगरूट फ़ौजी के साथ
और उसके बाद तो वह वहाँ से गुज़री ही नहीं
इसी वजह से हमने भुगते गेस्टापो, आस्ट्रिया पर क़ब्ज़ा
विश्वयुद्ध

37.
एक लड़की का गीत

मेरे लम्बे केश! मेरे लम्बे केश!
लम्बे हों केश
चाहते थे तुम कि केश लम्बे हों तुम्हारी प्रिया के
अब मेरे कंधे से नीचे तक आ गए
लेकिन तुम रुके नहीं मेरे केश बढ़ने तक

42.
जागते हैं हम
बन्दूकों की आवाज़ से
हवाई जहाज़ों की आवाज़ से भोर–
भरम होता है क्रान्ति का
जबकि जन्मदिन है महज़ आततायी का

43.
एलेना : एन्ड्रोमेडा तारक पुंज
700.000 ज्योति वर्ष की दूरी पर

जो देखा जा सकता है आँखों से किसी उजली रात,
तुमसे ज़्यादा क़रीब है
एन्ड्रोमेडा से औरों की सूनी आँखें देखेंगी मुझे,
अपनी रात में तुम्हें नहीं देख पाता मैं
एलेना . दूरी समय है, और समय उड़ता है
2000 लाख मील फ़ी घंटे की रफ़्तार से ब्रह्मांड
फैल-बढ़ रहा है अनस्तित्व की ओर
और तुम करोड़ों बरसों की-सी दूरी पर हो मुझसे

मठ के पीछे

मठ के पीछे, सड़क से ज़रा हटकर
एक क़ब्रिस्तान है टूटी-फूटी चीज़ों का
जहाँ दफ़्न हैं टूटे बर्तन चीनी मिट्टी के, जंग लगी धातुएँ,
टूटे पाइप और मुड़े-तुड़े वायर,
सिगरेट के ख़ाली पैकेट, बुरादा,
लोहे की चद्दरें, पुराना प्लास्टिक, न सुधर सकनेवाले टायर;
सब इंतज़ार करते पुनर्जीवन का, हमारे जैसे ही

अनधिकृत अकूत सम्पत्ति (ल्यूक 16 : 9)

तो सम्पत्ति को लें, अधिकृत या अनधिकृत
मालमत्ता भले हो ग़लत तरीक़ों से जोड़ा गया या हो सही से :
तमाम सम्पत्तियाँ अनधिकृत हैं
हर माल
ग़लत कमाई
गर तुम्हारी नहीं तो किसी और की
तुम्हारे काग़ज़-पत्तर ठीक हो सकते हैं, लेकिन
अपनी ज़मीन ख़रीदी थी तुमने क्या उसके सच्चे मालिक थे ?
और उसने उसके सच्चे मालिक से ? और उसने... ?... ?
ये ठीक है तुम्हारा मालिकाना राजा के दिये तक पहुँचता है
थी क्या
वह ज़मीन राजा की ?
किसी से कभी हथियाई नहीं गई थी जबरन ?
और पैसा जो तुम पा रहे हो इस वक़्त अधिकृत रूप में

अपने मालिक, मुवक्किल, बैंक या राष्ट्रीय कोष से,
या अमरीकी कोषालय से,
क्या वह किसी भी मुक़ाम पर ग़लत तरीक़े से नहीं कमाया गया था ? फिर भी
यह मत सोचना कि एक सच्चे कम्युनिस्ट राज में
यीशु की बोधकथाएँ निरर्थक हो जाएँगी
या ल्यूक का भजन 16 : 9 अपनी सार्थकता खो देगा
और सम्पदा उसमें न होगी अनधिकृत
या तब तुम्हारा कर्तव्य नहीं होगा अपनी सम्पत्ति बाँटना

शांति और व्यवस्था के रक्षक प्रभुओ
(प्रार्थना 57)
शांति और व्यवस्था के रक्षक प्रभुगण :
तुम्हारा न्याय शायद वर्गीय न्याय नहीं है ?
निजी सम्पत्ति की रक्षा के लिए अदालतें दीवानी
कुचले हुओं को दबाने के लिए फ़ौजदारी अदालतें
स्वतंत्रता जिसकी बातें करते हो तुम स्वतंत्रता है धनिकों की

तुम्हारे "फ्री वर्ल्ड" का अर्थ है स्वतंत्रता शोषण की
तुम्हारा क़ानून भरमार बन्दूक है और तुम्हारी व्यवस्था जंगल
पुलिस तुम्हारी है
जज तुम्हारे हैं
कोई ज़मींदार या धन्नासेठ नहीं तुम्हारी जेलों में
कुलीन पथभ्रष्ट होने लगते हैं महतारी की गोद में
पैदा होते ही उनमें फूट पड़ते हैं वर्गीय पूर्वग्रह
जैसे विषधर नाग पैदा होता है विष की थैली लिये
जैसे बघर्रा शार्क पैदाइश से होती है नरभक्षी

ओ परमेश्वर ख़त्म कर यह यथास्थिति
उखाड़ विषदाँत इन कुलीनों के
बहा दे उन्हें जैसे बहता है पानी वाशबेसिन में
उजाड़ने दे उन्हें जैसे उजड़ती है खरपतवार खरपतवार-नाशक से

वे 'कीड़े' होंगे जब क्रांति आयेगी
वे शरीर की कोषिकाएँ नहीं विषाणु हैं
        नये मनुष्य के गिरे भ्रूण, उन्हें दूर करो
इससे पहले कि उनमें काँटे उगें साफ़ कर दो उन्हें ट्रैक्टर से—

साधारण जन आराम फ़रमायेगा श्रेष्ठतम क्लबों में
क़ब्ज़े में कर लेगा वह निजी धंधे
न्यायप्रिय व्यक्ति खुशियाँ मनाएगा अदालतों में
विशाल चौकों में हम मनाएँगे वर्षगाँठ
                क्रांति की
                परमेश्वर जो है वह परमेश्वर है साधारण जन का

मेरिलिन मनरो के लिए प्रार्थना

परमेश्वर
शरण में ले लो इस लड़की को जो मेरिलिन मनरो के नाम से
जानी जाती है दुनिया में

गो यह न था उसका नाम
(लेकिन तुम तो जानते हो उसका सही नाम, नौ बरस की उमर में बलात्कार
की शिकार हुई अनाथ बाला का
दूकान में काम करनेवाली उस लड़की का जिसने आत्महत्या की कोशिश की
सोलहवें बरस में)
जो अब तुम्हारे सामने बिना मेकप आ जाती है
प्रैस-एजेन्ट के बिना
अपने फ़ोटोग्राफर के बिना, बिना ऑटोग्राफ़ देते
बाह्य अंतरिक्ष के अंधकार का सामना करते अंतरिक्ष यात्री के मानिन्द

जब वह बच्ची थी तब सपने में देखा था उसने कि वह नंगी खड़ी है चर्च में
(टाइम्स के अनुसार)
साष्टांग दंडवत करते, धरती पे सिर टेके अरबों लोगों के सामने खड़ी
उसे चलना पड़ता था अपने पंजों पे, सिर बचाने के लिए
तुम तो बेहतर जानते हो हमारे सपनों को, मनोविज्ञानी चिकित्सक से
चर्च, घर, या गुफ़ा सब प्रतिनिधित्व करते है गर्भ की सुरक्षा का
लेकिन उससे कुछ ज़्यादा भी···
सिर प्रशंसक हैं, यह तो साफ़ है (वह
समूह सिरों का परदे की निचली कोर के अँधेरे में)
लेकिन मंदिर 'ट्वेन्टियथ सेन्चुरी फ़ॉक्स' का स्टूडियो नहीं है

मंदिर सोने और संगेमर्मर का, मंदिर है उसके तन का
जिसमें कोड़ा लिये खड़ा है मर्दानगी का सूर्य
हँकालता 'ट्वेन्टियथ सेन्चुरी फ़ॉक्स' के दलालों को जिनने
बना दिया तेरे घर को अड्डा चोरों का
परमेश्वर,
रेडियोएक्टिविटी और पाप से दूषित इस दुनिया में
मुझे भरोसा है कि आप दूकान में काम करती एक लड़की को नहीं कोसेंगे
जो (किसी दूसरी ऐसी लड़की की तरह) सपना देखती थी 'स्टार' बनने का
उसका सपना हो गया सच (टेक्नीकलर सच्चाई)
उसने तो बस हमारी 'स्क्रिप्ट' के अनुसार किया
हमारी ज़िंदगियों-जैसा, लेकिन वो अर्थहीन था
क्षमा करो प्रभु उसको और क्षमा करो हम सबको
हमारी इस 20वीं सदी के लिए
और उस विराट 'प्रोडक्शन' के लिए जिसके भागीदार हैं हम सब

वह भूखी थी प्यार की और हमने दीं उसे नींद की गोलियाँ
संत न हो पाने का अपना शोक मनाने के लिए
उनने भेजा उसे मनोविश्लेषक के पास
याद करो प्रभु कैमरे के प्रति उसका निरंतर बढ़ता भय
और घृणा 'मेकप' के लिए (बावजूद उसकी हर सीन के लिए
नया 'मेकप' करने की ज़िद के) और कैसे बढ़ा वह आतंक
और कैसे बढ़ी उसकी आदत स्टूडियो में देर से आने की

किसी और मनिहारिन की तरह
सपने देखती थी वह 'तारिका' बनने के
उसकी ज़िन्दगी वैसी ही अयथार्थ थी जैसे कोई सपना
जिसे बाँचता है विश्लेषक और दबा देता है फाइल में

उसके प्रेम-चुम्बन थे मुँदी आँखोंवाले
जो आँखें खुलने पर
दिखे कि खेले गए थे वे 'स्पॉटलाइटों' तले जो
बुझाई जा चुकी हैं
और कमरे की दोनों दीवारें (वह एक 'सेट' था) हटाई जा रही हैं

डायरेक्टर अपनी डायरी लिये जा रहा है दूर
        और 'दृश्य' बंद किया जा रहा है ठीक-ठाक
या जैसे किसी नौका पर भ्रमण, चुम्बन सिंगापुर में, नाच रियो में,
विण्डसर के ड्यूक और डचेस की बखरी का स्वागत-समारोह
        देखा गया किसी सस्ते कमरे के ऊबड़खाबड़ उदास माहौल में

फ़िल्म अंतिम चुम्बन के बिना ख़त्म हो गई
उन्हें मिली वह मरी, फ़ोन हाथ में लिये,
जासूस पता नहीं लगा सके कभी उसका जिसे करना चाहती थी फ़ोन वो
कुछ ऐसा हुआ
जैसे किसी ने नंबर मिलाया हो अपने एकमात्र दोस्त का
और वहाँ से—टेप की हुई आवाज़ आई हो—'रांग नंबर',
या जैसे गुंडों के हमलों से घायल, कोई पहुँचे, काट दिए गए फ़ोन तक,

परमेश्वर, चाहे जो कोई हो
जिससे वह करना चाहती थी बात
लेकिन नहीं की (और शायद वह कोई न था
या कोई ऐसा जिसका नाम न था लॉस एंजलस डायरेक्टरी में)
                परमेश्वर, तुम उठा लो वह टेलीफ़ोन

अय्यप्पा पणिक्कर

अंग्रेज़ी से अनुवाद

चन्द्रकान्त देवताले

हुगली

नदियों के बारे में लिखना बन्द करो
शहरों को डुबाती हैं नदियाँ अपने प्रलय से
प्रतीक्षित बरसात समुन्दरों की सृष्टि करती है
हुगली तुम नदी नहीं समुद्र हो
कल्पान्तर हो बहती हुई झोंपड़ियाँ हो
तड़पते हुए जानवर
भौंकने में असमर्थ कुत्ते
भूख-भूली बिल्लियाँ हो
शर्म-वंचित कुवाँरी लड़कियाँ हो
बच्चों को नहीं खोजनेवाली माँ
लंबे पैरों का सपना देखनेवाले मज़दूर
शहर की नींद से नहीं जागनेवाले शरणार्थी हो
स्वर्गीय उदार जनों की स्तुति करनेवाले भिखमंगे हो
हुगली तुम अन्तिम सत्य हो
अँधेरे का आलिंगन हो
नदियों के बारे में अब मत गाओ
बरसों की गन्दगी भरी गटरों को
वह नए जल से शुद्ध करेगी
गंगा में नहा-नहाकर थकी सड़कों को
पुनर्जन्म देगी
रोते हुए लोगों के आँसुओं को इकट्ठा कर
समुद्र-जल के खारेपन को दुगुना कर देगी
जड़ विचारों को परस्पर गूँथकर
अन्तहीन जुलूस को पंक्तिबद्ध कर

बिखरे नारों को वह एकजुट कर देगी

हुगली में बाढ़
आकाशवाणी में विवाद
दूरदर्शन में दृश्यों का प्रलय है
पिघलते पापों के बर्फ़ से गंगा की महिमा है
दुष्टों के मन-द्रवित बंग-गरिमा
ऋतुओं के गायक रवीन्द्र की स्वर-विह्वलता
शहरों का शहर कलकत्ता
हुगली के भुजपाश में सबकुछ दबता है,
विस्मय रात्रि उतरी है
धर्मतल्ला लेनिन सरणि में बदलता है
'शतरंज के खिलाड़ी' में इतिहास
उसाँसें लेता है
विवेकानन्द की निगाहों में विक्टोरिया-स्मारक
धुँधला हो रहा है
राष्ट्रीय पुस्तकालय में वल्लतोल पूजे जाते हैं
टूटकर गिरते शिखरों
तड़पकर विच्छिन होते बादलों
और प्रचण्ड तूफ़ानों के सीत्कारों के ऊपर
क़ाज़ी नज़रुल इस्लाम का विद्रोही दहकता है
जाड़े से जमी हुई सड़कों पर
सिसकते हुए अस्तित्वहीन होते बुदबुदों में
काँपते डगमगाते दिशाहीन हो
भूलुंठित पक्षियों के पंखों की फड़फड़ाहट में
वनलता सेन जीवनानन्द को ढूँढती भटकती है
दुर्गन्धियों को छिपाए गोपनीय ज़ख़्म के निशानों के साथ
अकाल के दुःखों से त्रस्त
गाँवों से शहर की ओर औचक आए दुःस्वप्न
हड्डियों से अलगाए स्तनों को दुहती भूखें
चौरंगी पर चबेना चबाता वर्तमान
दृश्य नगर के नेपथ्य में खड़ा काँपता अदृश्य नगर

शहर की जड़ों को टटोलती सूँघती नदी
नदी को लाँघता मज्जा रहित हड्डियों से गूँथा हुआ पुल
नगर की परी हावड़ा की ओर संकेत करती पटरियाँ
निःशब्दता को ढूँढते थका शोर

नरेश, नरेश। जन्मभूमि के विच्छिन
उस अर्द्धखण्ड से परलोकवासी पिता की गुहार
स्वर्णभूमि को दुख-सागर बनाती बाढ़ और बरसात
स्वर्णभूमि को क़लई का पतरा बनाती
धार्मिक विद्वेष के नेतृत्व की पूँछ दुहराती है–
नरेश, नरेश!
हुगली की सर्प-तरंगें, पद्‌मा की सर्प-लहरें
ज़ोर से गरजकर पुकारती हैं गिरीश! महेश! सुरेश!
खड़गधारिणी काली की परछाईं में जमा विपन्नता का इतिहास
क्षत-विक्षत गटरों का पुण्य-स्नान
प्रवाहित शान्ति-निकेतन की शान्ति-खोज
थम जा हुगली थम जा
तू एक नदी ही है बहती हुई एक गटर
हल से खुदी दरार...
कवि और कहानीकार गाँवों की जड़ों को बचाने गए हैं
गाँववाले शहरों में शरण ढूँढते आए हैं
हुगली को धमकाकर पालतू बनाने की कोशिश में
मंत्री लोग घूमते-फिरते हैं
पाँच सौ लोग मर गए
बह गए छः सौ
सात सौ लापता।

प्रत्येक ऋतु का अपना संगीत है
हीरेन मुखर्जी ने ज्योति बसु से कहा–
समाजवाद जल्दी ही आने को लगता है
सिद्धार्थ शंकर पी.सी. सेन से बोले
यह मैंने पहले ही कहा था,
हुगली हँस पड़ी–

कुछ नहीं अनकहा इनका।
पुलों के नीचे से बहने में संकोच करती हुगली
जंजीरों में पड़ा बजता हावड़ा
विभाजित अधिकारों से भभकती ज़ख़्म की दुर्गन्ध
यहाँ नदियों की घाटी की सभ्यता थी
तब बाढ़ें बेहद सस्ती थीं
उस ज़माने में वर्षाओं के देश से आए
एक बेचारे प्रवासी कवि ने
इतिहास के कान में कुछ फुसफुसाया था
जिसका कुछ भी विवरण
अब कहीं शेष नहीं
एक नदी
और एक शहर के परस्पर एक दूसरे को
निगलने के स्मारक को
आपने देखा
        आपने सुना

उत्सव

हाथी हैं
चार या पाँच
शोभा-सज्जा भी
और इस सबको देखने उमड़ती भीड़
और हाँ, हैं भगवान भी वेद-पाठ की ध्वनियों से उदासीन

जूए में पाँसा फेंकते हुए ख़ाली और ढीली
हो जाती है धनिकों की अंटी
उनके जूएबाजी के किस्से सुन-सुन खुश हो मज़ा लेते हैं
बूढ़े छैल-छबीले
मंच पर होते कथकली नाच को
पुरानी यादों के चटख़ारों के साथ देखते हैं
हमारे ये बूढ़े बच्चे
नींद उतरती है धीरे-धीरे नाचघर और खाने के कक्ष में
और ख़र्राटे छा गए हैं बरामदे में सभी तरफ़
मंदिर को घेरते
तपती देहों से खिसक जाते हैं वस्त्र
और थोड़ी देर को थम जाते हैं बजते नगाड़े
जैसे समय की खाँसी

और मँझरात धान के खेत के किनारे
ताड़ के पेड़ की पत्ती के सिरे पर सोती है चन्द्रकन्या
और नभ-किन्नरियाँ देखती हैं सपने
स्वर्ग के स्वर्णिम प्रेमियों के

मैं याद करता हूँ उत्सव गाँव का
लँगड़ाता है समय साथ-साथ
छाई है चाँदनी नक्षत्र हैं
जबकि धुँधली पड़ने लगती है स्मृति

एक कविता

पत्थर की दीवारें और लोहे के सीख़चे तुम्हें बचा नहीं सकते
वही कमरा जो बनाया तुमने बदल जाएगा तुम्हारी जेल में
दरवाज़े खुले रखो बाहर निकलो और ताज़ा हवा खींचो फेफड़ों में
ख़तरा कहीं भी हो सकता है कमरे के भीतर और बाहर
पर सबसे पहले यह प्रवेश करता है मस्तिष्क में
और एक बार घुस जाए तो कभी नहीं निकलता
ख़तरे को अपने दिमाग़ से निकालो
क्या तुम ख़ुद अपने ही दुश्मन नहीं हो ?
यद्यपि तुम कई बार दूसरे-दूसरे रूपों में आते हो
उसका सामना करो उस चेहरे को देखो
और उसके प्रति दया दिखाओ जिसका वह पात्र है
उस दया को मस्तिष्क में क़ैद मत रखो जो
दूसरों के प्रति तुम देनदार हो
ताला खोलो दया दाता की मिल्कियत नहीं
उसकी है जिसे यह चाहिए
इसे दो मस्तिष्क हलका रखो
क्या तुम जानते हो क्षितिजों के दोनों छोर
तुम्हारे मस्तिष्क में कहाँ पहुँचते हैं
यदि बोझा नहीं है तुम्हारे लिए अपना मस्तिष्क
तो तुम ढो सकते हो कोई भी वस्तु और हर चीज़

बाढ़

''ढाई रुपये से ज़रा भी कम नहीं''
उसने कहा, और अपने कपड़े खोलकर वह घास पर लेट गई
यहाँ कोई बिक्री-कर नहीं, उसने राहत महसूस की
अपनी देह को धनुष की तरह झुकाकर
अपने प्रेम के पाँच बाण छोड़े
फिर बाढ़ आई,
सृजन कब होगा ?
संभव है यह सृजनविहीन प्रेम हो
निपटने पर वह जाने को खड़ा हुआ
उसने उसके थके चेहरे को देखकर कहा :
''महाशय, ये पचास पैसे अपने पास रखो
बस पकड़ना, इस सबके बाद चलना ठीक नहीं''
वह इतना पस्त हो चुका था शायद श्रम से
कि उसके हाथ चिल्लर के लिए स्त्री के हाथ तक नहीं पहुँचे
सारे रस्ते पैदल चल जब वह घर पहुँचा
उसकी माँ खड़ी थी दरवाज़े पर आँखों में चिराग़ जलाए

चोरी

महज़ इसलिए कि मैंने कुछ चीज़ें चुराईं
तुम मुझे चोर क्यों कहते हो, चोर ?

पर तुमने हमारे कपड़े चुराए हैं !

यदि मैंने तुम्हारे कपड़े चुराए हैं, तुम्हारे कपड़े
तो यह सिर्फ़ तुम्हारी शर्म की इज़्ज़त रखने के लिए
सिर्फ़ तुम्हारी शर्म की इज़्ज़त रखने के लिए

तुमने हमारी मुर्ग़ी भी चुराई है

यदि मैंने चुराई है "हमारी मुर्ग़ी", जैसा तुमने कहा
तो यह सिर्फ़ इसे तलने और खाने के लिए
सिर्फ़ तलने और खाने के लिए

तो हमारी गाय के बारे में क्या जिसे तुमने चुराया
गाय के बारे में क्या जिसे तुमने चुराया

उस गाय से तुम्हारा आशय
ठीक है, यदि मैंने चुराई है तुम्हारी गाय, गाय तुम्हारी
यह थी, यह तो मेरे लिए थी उसका दूध पीने के लिए

मेरे हकीम ने, कृपया नोट करें
तली मुर्ग़ी या गाय के दूध का परहेज़ नहीं कहा है

जब भी कोई चुराता है कोई चीज़ उम्दा, कोई चीज़ अच्छी
तुम लोग बेबात तूफ़ान खड़ा कर देते हो
और उसका चोर नाम धर देते हो, चोर

यह तुम्हारे क़ायदों की ग़लती है
यह तुम्हारे क़ायदों की ख़ामी है
तो फिर तुम अपने क़ायदे बदलो, मैं कहता हूँ
ऐसा न हो कि तुम्हारे क़ायदे तुमको बदल दें

फेरेन्त्स यूहाश

अंग्रेज़ी से अनुवाद

रघुवीर सहाय

जो लड़का बन गया हिरन रहस्यद्वार पर रोता है

अपने बेटे को माँ ने पुकारा बड़ी दूर से
अपने बेटे को माँ ने पुकारा बड़ी दूर से
दूर से पुकारती द्वार तक चली आयी
जूड़े को खोल दिया
जूड़े के खुलते ही झर-झर कर गोधूली गहराई
एड़ी तक लटकी घनी घेरदार मखमल की ओढ़नी
आँधी में दस काले फुँदनों से सजी ध्वजा-सी फहरी
रक्तरँगी लपटसनी चादर बन गयी वही गोधूली
अँगुलियों पर लपेट नखतों की रश्मियाँ
चाँदना मुँह पर ढँक
चिल्लाकर हाँक दी बेटे को
जो उसके बचपन में देती थी
द्वारे आ खड़ी हुई हवाओं से बात की
कुहुक रही चिड़ियों से बोली
चटपट ख़बर जोड़े से लगी मस्त बतख़ों को भेज दी
काँपते नरकुलों,
खेतों में आलू के चाँदी के फूलों को
पाँव जमा खड़े डिम्ब लटकाये वृषभों को
छतनारे भीनी सुगंध भरे सूमैक झाड़ों को;
खेलती मछलियों से
पानी पर भागते स्निग्ध बैंजनी वृत्तों से कहा :
पक्षियो, शाखाओ तुम सुनो, सुनते हो
सुनो तुम, दुहाई है

और तुम मछलियो, फूलो तुम भी सुनो
तुम्हीं को सुनाती हूँ
सुनो तुम धरती में पसरती हुई ग्रंथियो
थिरकते पंखो तुम, नखत छिटकाती उल्काओ तुम थमो
थम जाओ सत्वों को अणुओं के गर्भों में हुँहुआती मथती मथानियो
सुसुआती टोंटियो कस जाओ
लौह-कोखवाली सब क्वाँरियो, ऊन-लदी भेड़ो तुम भी सुनो
मैंने अपने पूत को पुकारा है

बेटे को माँ ने गुहारा तो
सुर उसका ऊर्ध्व में कुंडली मारता उठ गया
और व्योममंडल में छा गया
ज्योति में झिलमिल वह खड़ी रही
मछली की पीठ-सी नमक की चट्टान-सी

बेटे को माँ ने आवाज़ दी
लौट आ मेरे लाल लौट आ
तेरी अम्मा ने बुलाया है
लौट आ मेरे लाल लौट आ
मेरी गरम गोद में लौट आ
लौट आ मेरे अपने सपूत लौट आ
मैं बुला रही हूँ तेरी शीतल नदी
लौट आ मेरे लाल लौट आ
माँ का दूध तुझको बुलाता है
लौट आ मेरे लाल लौट आ
मैं बुला रही हूँ, तेरी यह ढही हुई झोंपड़ी
लौट आ मेरे लाल लौट आ
मैं बुला रही हूँ टिमटिमाती हुई तेरी लौ
लौट आ मेरे अपने बच्चे क्योंकि
मैं चुभती हुई चीज़ों की दुनिया में अंधी हो गयी हूँ
आँखें धँसी जाती हैं पियराये कुम्हलाये गड़हों में
सिकुड़ी जाती हैं कनपटियाँ, जाँघें, पपड़ियाई पिंडलियाँ,
चारों दिशाओं से वस्तुएँ उधियाये मेढ़ों-सी मुझ पर झपटती हैं

चौखटें, खंभे और कुरसियाँ सींग मारने को हैं
दरवाज़े आगे भिड़ जाते हैं झूमते शराबी-से
बिगड़ैल बिजली की धार मार करती है
चमड़ी उकिलती है खुनियाई जाती है
चिड़िया की चोंच ज्यों चटख़ी हो पत्थर से
धातु की मकड़ियों की तरह कैंचियाँ सरककर पकड़ से परे चली जाती हैं
माचिस की तीलियाँ बन जाती हैं गोरैया के पंजे
बालटी दस्ते पर झूलकर मुँह पर चढ़ आती है
लौट आ मेरे लाल लौट आ
पाँव मुझे अब चंचल हिरनी-सा ढो नहीं पाते हैं
पैरों पर बड़े-बड़े अर्बुद थूथन काढ़े उग रहे
जाँघों में नील-पड़े गुम्मड़ गँठीले गोश्त के तले धँस गये
पंजों पर हाड़ की खूँटियाँ निकल आयीं
हाथ की उँगलियाँ जोड़ों पर जकड़ गयीं पोरों में ठट्टे पड़ गये हैं
मौसम की मार से जैसे चट्टानें पपड़ियाई हों
हर अंग अपना जीवन जीकर माँदा हो गया है
लौट आ मेरे अपने बेटे लौट आ
क्योंकि मैं अब पहले जैसी नहीं रह गयी
अंतर अंदेशों से जर्जर हुआ है जो बूढ़े शरीर से भड़क-भड़क उठते हैं
जैसे ठिठुरती हुई भोर में जमी कड़ी कमीज़ों की बाड़ के भीतर से
उठती है बाँग वृद्ध मुर्गे की।
मैं तुझे बुलाती हूँ मैं तेरी महतारी
लौट आ मेरे पूत लौट आ
हद से गुज़री हुई ग़लतियाँ नये इंतज़ाम से सुधार दे
बिगड़ी बातें बना, चाकू को वश में कर, कंधे को पालतू
मैं तुझे बुलाती हूँ तेरी माँ
क्योंकि मैं अब महज़
किरकिराती हरी आँखों का जोड़ा हूँ भारहीन चमकीले लिबेलुला की तरह
जो अपनी पंखदार गुद्दी और
ड्रैगन-से जबड़ों के बूते पर,
यह तुम्हें पता है, बेटे, दो झिलमिल गोले
कपाल में अटकाये रहता है।

मैं महज़ घूरती आँखें हूँ जिनका चेहरा नहीं
जो कि प्रेतात्माओं के साथ अवलोकती सबकुछ हैं
लौट आ मेरे पूत लौट आ
ताज़े निश्वास से सबकुछ सुधार दे

दूर के जंगल में लड़के ने जब सुना
सर झटका नथुने चौड़े किये
हवा की गंध ली, गलस्तन फड़क उठे
खड़े हुए कान नखों से भरे, चौकन्ना हो गया
माँ के सिसकने की टोह में,
जैसे शिकारी की धूर्त सुगबुगाहट के सुनने में होते हैं
या कि बड़े वृक्षों की धधक उठी आग की नीली धुआँती लपटों तले
उठती उसाँस की आहट को सुनने में
सुनकर सर मोड़ लिया, आवाज़ जानी-पहचानी थी।
अब उसे यंत्रणा सताती है
क्योंकि उसे पुट्ठों पर बाल दीख जाते हैं
छरहरी टाँगों पर चिरे हुए खुर का अजीब चिह्न दिखता है
बन के पोखर में जहाँ पुरइन खिली है, उसे
लटके हुए लोमश डिबकोश दीख जाते हैं
दौड़कर झील के किनारे पहुँचता है
मारता टक्करें झुरमुट सरो के उजाड़ता
भीगते लेस से नितंब, हर छलाँग पर सफेद फेन उष्ण भूमि पर टपकाता हुआ
चारों काले खुरों से रस्ता चीरता जंगली फूलों के बीच से
गिरगिट को मिट्टी में मींजकर, कटी पूँछ फूली गरदन सहित
पड़े-पड़े ठंडा हो जाने को छोड़ता।
और जब झील पर पहुँचा तो चाँदनी-ढकी सतह में झाँका
देखा कि चाँद है, बीचफल लटके हैं
पीछे से एक हिरन ताक रहा।
अब कहीं दिखता है घने-घने बाल हैं
छरहरी देह पर उग आये
घुटनों पर, जाँघों पर, आड़े अंडकोषों पर,
लंबे कपाल पर सींग उग आये हैं
हड्डी की शाखों में फूट पड़ी हड्डियाँ

ठुड्डी तक श्मश्रु से ढँक गया थोबड़ा
नथुने दो फाँक और तिरछे हो गये हैं
वृक्षों से टकरा रहे हैं विशाल सींग
गरदन में पड़ गईं नसभरी गुत्थियाँ
छटपटा-छटपटा अगली टाँगें उठा डोलता
उत्तर में चीख़कर बोलना चाहता पर माँ के बेटे के इस नये कंठ में
हिरन की बोली गूँ-गूँ कर रह जाती है
बेटे के एक बूँद आँसू टपकता है
वह तट की मिट्टी को बार-बार खूँदता
कि पानी का राक्षस विलुप्त हो, भँवर उसे लील ले अँधेरे में,
चंचल मछलियाँ जहाँ लाल पंख फरकातीं हीरों के बुज्जों-सी तिरती हैं;
अंत में तरंगें अँधेरे में खो गयीं
किंतु चाँदनी में खड़ा हिरन रह जाता है

अब लड़का उत्तर देता है पुकारकर
भीतर से बजती हुई गरदन को तानकर
अब लड़का उत्तर देता है पुकारकर
हिरन के कंठ से कोहरे के आर-पार
अम्मा अरी अम्मा मैं फिर नहीं रुकता हूँ
तू मुझे मत बुला
अम्मा मेरी अम्मा
मेरी प्यारी दाई
अम्मा मेरी अम्मा
मेरी रस की धारा
राखनहारी बाँहें
दूधभरी छातियाँ
मेरे सर की छैयाँ
पाले से मेरी ओट
अम्मा मेरी अम्मा
मेरे आने की इच्छा न कर
अम्मा मेरी अम्मा
मेरी रेशमी छड़ी
अम्मा मेरी अम्मा

सोने के दाँत-जड़ी चिड़िया तू
अम्मा मेरी अम्मा
तू मुझे मत बुला
जो मैं लौटा तो सींग मेरे तुझे सालेंगे
सींगों ही सींगों उछालकर
मैं तुझे छलनी कर डालूँगा
जो मैं घर आ गया
तुझे उठा पटकूँगा
नसोंभरी छातियाँ ढीली-ढीली तेरी
खुरों से कुचल दूँगा
नोकीले सींगों से छेदकर
दाँत से भभोड़ूँगा
कोख भी तेरी खूँद डालूँगा
जो मैं घर लौटा तो
अम्मा मेरी अम्मा
फुप्फुस को काढ़कर
नीली मँडराती हुई मक्खियों के आगे रख दूँगा
तारे घूरते होंगे तेरे कुसुमांगों को
जो मुझे धारे थे
कभी अनंत ऊष्मा से भरे वसंत में
जैसे कभी यीशु को गायों की साँसे सेंक देती थीं।
अम्मा मेरी अम्मा
तू मुझे मत गुहार
मृत्यु तुझे खा लेगी आ मेरे रूप में
जो तेरा बेटा सामने पड़ा
सींगों की मेरी हर शाखा एक सोने का तंतु है
सींगों की नोकें तो उड़ती शम्माएँ हैं
सींगों की हर खूँटी अर्थी पर सजी मोमबत्ती है
सींगों की हर पत्ती सोने की बेदी है।
ख़त्म हो जाओगी
जो मेरे इन धूसर सींगों को आत्मा की मुक्ति के
प्रार्थना-दिवस पर तुम

रोशन क़ब्रगाह-सा उड़ता हुआ देखोगी
मेरा सर पत्थर के वृक्ष-सा लपटों के पत्तों से ढँका हुआ।
अम्मा मेरी अम्मा
जो मैं तेरे क़रीब आया तू पल में फूस-सी बरेगी
राख हो जायेगी चिकनी कलोंछ-भरी ख़ाक-सी
लुकाठी-सी धधकेगी क्योंकि मैं भूनकर धज्जियाँ
मांस की रख दूँगा।
अम्मा मेरी अम्मा
तू मुझे मत बुला
क्योंकि मैं घर आया
तो तुम्हें खा लूँगा
क्योंकि मैं घर आया
तो तेरी क्यारी उजाडूँगा
फुलवारी को हज़ार सींगों से
तहस-नहस कर दूँगा
रौंदे हुए उपवन के तरु चबा डालूँगा
घर का अकेला कुआँ एक घूँट में सुखा दूँगा मैं।
जो मैं तुम्हारी कुटी में लौटा
उसे भस्म कर दूँगा
और फिर दौड़कर पुरानी क़ब्रगाह में
कोमल लंबोतरे नथुनों से सूँघकर
चारों खुरों से खोदकर अपने बाप की मिट्टी निकालूँगा
दाँत से उकेलकर चिटखे ताबूत को
कंकाल को सूँघ-सूँघकर रख दूँगा।
अम्मा मेरी अम्मा
तू मुझे मत बुला
मैं फिर नहीं सकता
क्योंकि मैं घर आया
तो मेरी मौत मैं ज़रूर ले आऊँगा।
हिरन के सुर में आवाज़ दी बेटे ने
और इन शब्दों में माँ ने उत्तर दिया—
लौट आ मेरे सगे पूत तू लौट आ

मैं बुला रही हूँ तेरी माँ
लौट आ बेटे तू लौट आ
सोंधा शोरबा मैं पका दूँगी तू उसमें प्याज़ के लच्छे कतर लेना
तू उन्हें दाँतों से कचरेगा राक्षस के जबड़ों में जैसे क्वार्ज़ की किरचें
धुले हुए रंगीन प्याले में गरम दूध परसूँगी
आख़िरी पीपे को ख़र्च कर दूँगी सुरा सारस की गरदन-सी सुराही में ढाल कर।
कड़ी-कड़ी मुट्ठी से गूँथूँगी आटे को तेरी मनपसंद नान के लिए
मोटे-मोटे पुए पोऊँगी तेरे लिए शीरमाल दावत के वास्ते
लौट आ मेरे अपने बेटे लौट आ
तेरी तोशक के लिए बतख़ों के सीने से मैंने पर नोचे, वे ज़ोरों से चीख़ीं
रो-रोकर नंगा किया बतख़ों को मैंने खाल पर चिट्टी धारियाँ उभर आयीं
जैसे मरते-मरते कोई मुँह बाये हो
तेरे बिछावन को धुली धूप दिखला दी ताज़ा कर दिया है
आँगन बुहार दिया आसन बिछा दिया है तेरी आस में।

ओ मेरी अम्मा मेरी अम्मा
मेरा घर लौटना तो होने का नहीं
मेरे लिए गेहूँ की रोटी परसकर मत रख
मेरे लिए गद्दे मुलायम तू मत बिछा
बतख़ों को नोच मत पंखों के वास्ते
अपनी सुराही को ढुलका दे बाप की क़ब्र पर वहीं सोख जाने दे
मीठे प्याज़ों को गूँथकर माला टाँग दे
गीले आटे की नोनवरिया पका डाल बच्चों के वास्ते
गरम दूध मेरे ओंठ लगते ही सिरका बन जायेगा
बड़ा पाव पत्थर का कछुआ बन जायेगा
तेरी वह सुरा पड़ी मेरे गिलास में ख़ून-सी उफनेगी
तोशक पड़े-पड़े दहक भस्म हो जायेगी
चूर-चूर चोंचदार प्याला हो जायेगा
मेरी माँ मेरी माँ मेरी अपनी प्यारी-प्यारी माँ,
क़दम नहीं रखूँगा बाप के घर में मैं
जंगल में दूर हरी झाड़ी में पड़ा कहीं रह लूँगा
अरझे हुए सींगों के वास्ते छाँहभरे घर में जगह नहीं

हाते में क़ब्र के वास्ते मेरी जगह नहीं
क्योंकि सींग हरियाले फैलकर विश्व-वृक्ष बन गये
पत्तियों की जगह नक्षत्रों ने ले ली हरी-हरी काई की आकाशगंगा ने
बूटियाँ सुगंधित मैं मुँह में रखता तो हूँ
किंतु मृदुल पल्लव ही जीभ पर घुलते हैं
पीता हूँ अब मैं तुम्हारे दिये फूलदार प्याले से नहीं
बल्कि निर्मल झरने से ही, निर्मल झरने से ही।

मैं नहीं बूझती, मैं नहीं बूझती तेरे व्याकुल विचित्र शब्दों को बेटे
हिरन-सा बोलता हिरन की आत्मा तुझमें समायी है मेरे अभागे पूत
फाख़्ता की बोली फाख़्ता की बोली गौरैया की बोली गोरैया की
बोली है मेरे बेटे,
मैं भला किस कारण जीवित हूँ—अखिल विश्व में एकाकी क्यों बची
क्या तुझे याद है क्या तुझे याद है छोटी-सी नौजवान औरत
जो तेरी माँ थी मेरे बेटे
मैं नहीं बूझती मैं नहीं बूझती तेरे व्याकुल विचित्र
शब्दों को मेरे बिसरे बेटे
क्या तुझे याद है कैसे तू दौड़ता हँसता घर आता था
अपनी इस्कूल की रपट दिखलाने को
चीरा था तूने बड़ा मेंढक लटकाये थे बाड़ पर जिसके झिल्ली-मढ़े चितकबरे पंजे
कैसे तू मग्न था हवाई जहाज़ की किताबों में कैसे धुलाई के काम में
हिस्सा बंटाने को पीछे लगा रहता था
तुझे आइरीन वी. प्यारी थी तेरे दोस्त वी.जे. थे
और एक एच.एस. थे वह लाल दाढ़ीदार चित्रकार
क्या तुझे याद है सनीचर की शामों को जब तेरे बाप नशा किये बिना आते तो
तू कितना ख़ुश होता
ओ अम्मा ओ अम्मा मेरी पुरानी किसी प्रेमिका किसी मित्र
का और कोई मत नाम ले
मछली-से वे ठंडे पानी में ग़ायब हो जाते हैं
सिंदूरी दाढ़ीवाला वह चित्रकार अब
किसको पता है कहाँ गया हल्ला मचाते हुए अपने ही ढंग से ओ अम्मा
किसे पता मेरा यौवन कहाँ रह गया
अम्मा मेरी अम्मा याद पिता की न कर उनके शरीर से शोक फूट आया है

दुख काली मिट्टी में फूलता, बापू को मेरे मत याद कर
क़ब्र से उठेंगे वह अपनी पियरायी हुई हड्डियाँ समेटकर
उठकर लड़खड़ायेंगे, बाल और नाखून फिर से बढ़ आयेंगे
अरे-अरे विलियम चच्चा आये ताबूतसाज़ हैं कठपुतलीनुमा शक्ल;
उनने हमसे कहा कि पाँवों से उठाकर ताबूत में तुम्हें रखें
मैं हिचक गया था डर लगता था पेश्त से सीधे उसी दिन घर आया था
तुम भी मेरे पिता पेश्त को आते और जाते थे तुम दफर के महज़ एक
हरकारे थे, रेलें उखड़ी पड़ीं,
ओह, दर्द की मरोड़ देह में भर गयी थी, दिये की रोशनी में दिखीं कसे हुए जबड़े पर
तुम्हारी झुर्रियाँ।
लाची हज्जाम था, तुम्हारा नया दामाद उसने हजामत तुम्हारी बनायी थी
गलती मोमबत्ती मौन शिशु-सी ढुलकती रही सब समय
चमकीली अंतड़ियाँ निकालकर उगलती रही, लंबी चिकनी स्नायु-जैसी वृंत-वल्लरी
भजनीक घेरकर खड़े तुम्हें बैंजनी टोप धरे टीप के सुरों में शोकगीत गा रहे थे
उँगली से मैंने छुआ माथा तुम्हारे बाल ज़िंदा थे
उनके बढ़ने की आवाज़ सुनी मैंने दिखा ठोड़ी पर खूँटियाँ उग करके
दिन में काली पड़ी अगले दिन टेंटुआ लहराते बालों के नीचे धसक गया
जैसे मुलायम रोओं-ढँकी फूट हो, हरे करमकल्ले-सी खाल पर जैसे नीली इल्ली
ओह, मुझे तब लगा कि दाढ़ी के तुम्हारे बाल पूरे कमरे को अहाते को भर देंगे
पूरे संसार को, सितारे जटाओं में धरकर छिप जायेंगे।
आह, घना हरा मेह तब गिरने लग गया अर्थी के आगे लाल घोड़े हिनहिनाए
आतंक से
एक ने अचानक चमककर उठा लिये सर पर तुम्हारे खुर दूसरा लगातार
मूतने लग गया
जिससे कि बैंजनी शिश्न सिकुड़कर हुआ फाँसी पर लटके मनुष्य की ज़ुबान सा,
कोचवान गाली बकने लगा
मूसलाधार ने जमा बैंडवाले नहला दिये तब सब पुराने मित्र कसकर बजा चले
सिसकते जाते थे बजाते जाते थे गिरजे की गोल भटकटैया से छायी दीवाल के सामने
खड़े हुए
दोस्त वे पुराने बजाते रहे ओंठ सूजकर नीले पड़ गये।
मँडराकर धुन फैली और उठती गयी।

साथी पुराने बजाते थे ओंठ फटे और खुनिया गये, दीदे उभर आये
ताश की बाज़ी की याद में साथ-साथ पीने की याद में बजाते थे
फूलकर मुटाई हुई, सूखी हुई, सजी-धजी औरतों की उनकी याद में बजाते थे
उन्होंने तुम्हारी विजय के दिन ख़ुशियाँ मनाने के नाम पर बजाया और बख़्शीश
बाँटी बजाकर तुम्हारे नाम
उन्होंने बजाया सिसकियाँ भर बजाया और शोक की जमी हुई परतों को
भीतर तक मथ दिया।

संगीत जलते हुए ओंठों से निकला और पीतल की नलियों से होकर
उस लय से निकली दुर्गन्धभरे शून्य में बह गया,
गुमसुम प्रेमिकाएँ और सड़ती जनानियाँ, पितामह फफूँदलगे भभके में निकले
और साथ में खपरैलें, बच्चों के पालने उखड़ी और सीली इनामेल की चाँदी की
घड़ियों की
पीढ़ी लुढ़कती हुई प्याज़ की आँडियों जैसी चली आयी।
ईस्टर-घंटियाँ क़िस्म-क़िस्म के तोहफ़े भी चले आये
आवाज़ के फैले हुए डैनों पर
जिनने बुलाय लीं बोरियाँ, रेल के पहिए, सलामी देते हुए पीतल
के बटन-लगी वर्दीवाले सैनिक
साथी बजाते रहे काले कलेजी से सूजे हुए ओंठों को भींचकर
कि दाँत लाल पड़ गये
तुम ख़ुद संगीत का संचालन करते थे, वाह वाह, शाबाश, बहुत अच्छे
जमे रहो थमो नहीं
सब समय कसकर के बँधे हुए हाथ थे, बड़ी-बड़ी गाँठदार जोड़ोंदार टाँगों की
सुनहरी मकड़ियाँ थीं सीने पर तुम्हारे धरी हुईं
ताखे में लपेटे हुए जूते तुम्हारे इंतज़ार रिश्तेदारों का करते हैं
अनढँकी उजली जुर्राबें, झुराते हुए पैरों पर रहती हैं
साथी पुराने जो मूसलाधार में उस दिन बजाते थे बाजे के परदे
इस्पात के टेंटुए जैसे दबाते हुए
आदिम विहंगों के दाँतों से जैसे उन पीतल के बाजों के
अंदर से मांस काढ़ लेने को करते हों।
अम्मा मेरी अम्मा मेरे पिता को मत याद कर
मेरे पिता को तू रहने दे, कहीं फटी धरती से उनकी आँख
न फूटकर निकलें

बेटे को माँ ने पुकारा बड़ी दूर से–
लौट आ मेरे लाल लौट आ
पत्थर की दुनिया को छोड़कर आ जा
पत्थर के वनों के हिरन, कारख़ानों की हवा और बिजली के खंभों के जाल
रासायनिक चौंध, पुल लोहे के और बसें ट्रामें ख़ून तेरा चाट लेते हैं
दिन-प्रतिदिन तुझ पर सौ आक्रमण होते हैं
पलटकर तू कभी वार नहीं करता है
मैं तुझे आवाज़ देती हूँ तेरी अपनी अम्मा
लौट आ मेरे पूत लौट आ।

वह खड़ा था कगार काल के बदलते जा रहे थे
भव्य ब्रह्माण्ड के चक्रशिखर पर खड़ा
लड़का रहस्यों के द्वार पर
नक्षत्रों से उसके सींग थे खेलते
हिरना के स्वर में संसार के बिसरे हुए रास्तों से होकर
वह जीवनदायिनी माँ को संदेशा पहुँचाता है
अम्मा मेरी अम्मा मैं नहीं फिर सकता
मेरे सौ घावों में खरा स्वर्ण चुरता है
दिन-प्रतिदिन गोलियाँ सौ-सौ टकराती हैं पैरों से
दिन-प्रतिदिन फिर से उठता हूँ मैं सौ गुना पूर्ण हो
दिन-प्रतिदिन तीस खरब बार मैं मरता हूँ
दिन-प्रतिदिन तीस खरब बार मैं जन्मता हूँ
मेरे सींगों की हर शाखा में दोहरा तोरण है
हर खूँटी प्रबल शक्ति बिजली का तार है
आँखें समुद्री व्यापारियों के बंदरगाह हैं
धमनियाँ केबल हैं
दाँत हैं लोहे के पुल, हृदय राक्षसों से भरा सागर है
एक-एक कशेरू है भीड़ भरा महानगर
प्लीहा की जगह धुआँ छोड़ती नौका है
मेरी हर कोशिका एक कारख़ाना है।
मेरे अणु-अणु में है सौर-जगत
चंद्र सूर्य मेरे डिम्बकोशों में झूलते

मज्जा में मेरी व्योमगंगा है
अंतरिक्ष का हर कण मेरी ही देह है
मस्तिष्क की तरंग नक्षत्रों का स्पंदन ।

मेरे गुम हुए पूत अब जो हो तू लौट आ
तेरी लिबेलुला नयन माँ तेरी बाट जोहती

मैं केवल मरने के वास्ते लौटूँगा
मरने के ख़ातिर ही लौटूँगा केवल मरने के लिए लौटूँगा
हाँ मैं लौटूँगा बस मरने को लौटूँगा
और जब आऊँगा मरने को मेरी माँ
तब मुझे पुरखों के घर में लिटा देना
अपने संगमरमरी हाथों से नहलाना
सूजी हुई आँखों को चूमकर मूँदना
और जब देह गल-गलकर बिखर जाये
अपनी दुर्गन्ध से भरी हुई पड़ी रहे
ढँकी रहे फिर भी घने फूलों से
तब तेरे रक्त से मुझको पोषण मिले
मैं तेरी देह का फल बनूँ
तब मैं तेरा मुनुआ फिर से बन जाऊँगा
और यह सिर्फ़ तुझे सालेगा मेरी माँ,
सिर्फ़ तुझे मेरी माँ ।

गुंटर कुनेर्ट

जर्मन से अनुवाद

विष्णु खरे

अंग्रेज़ी से अनुवाद

कुँवरनारायण

कविता का प्रारब्ध

झूठ बोलने पर मजबूर
कविता ज़र्द पड़ जाती है
वह ठिठुर जाती है और उसके बाद
न ख़ुद विचलित हो सकती है न दूसरों को कर सकती है

शहादत और अपराधी कार्रवाइयों की
स्तुति में
वह उत्सवी और भयावह उद्गार प्रकट करती है
सरकारी अभिनेताओं के लिए गढ़े गए

क़ैद होकर और आज़ादी खोकर
वह मोर्चा लेती है
कठोर विचारों की खदान की तरह
उन सारे महान शब्दों को खींच लेती है
जिनसे विचारों के क़ैदख़ाने
खड़े किए जाते हैं

और उस वक़्त भी, जब वह खुद ज़ंजीर
तोड़ फेंकती है और हत्यारे का नाम लेते हुए
चीख़ती है,
कविता मर जाती है कविता में
मुक्ति से परे

नींद

तुम देख रहे हो
शताब्दी का सपना
जब तुम सपने में देखते हो
प्रशासकीय छायाओं को
वे कभी कोई चेहरा नहीं दिखातीं
सिर्फ़ वहीं प्रशासकीय शक्ल
और हरकतें
पिछले कई अनुभवों के कारण
परिचित
वे दिखाती हैं तुम्हें
तुम्हारा आतंक और उनका डर
टिखटियाँ
पेट की परत के आर-पार और उम्मीद
तुम्हारे देश की ज़मीन में
गहरे गाड़ी गई

उस लम्हे पर तुम भागना चाहते हो
कम से कम जाग पड़ना चाहते हो लेकिन
अगर ऐसा हो
तो तुम पाओगे कि तुम्हारा बिस्तर बहुत पहले से घेर लिया गया है
क्योंकि शताब्दी का सपना
एक नहीं है

हमारे दफ़न के पुरातत्व पर

बारिश और फिर बारिश
युद्ध और फिर युद्ध
एक दयालु एक निर्दय
एक तरफ़ प्रकृति
दूसरी तरफ़ मानव-निर्मित

तीस साल के युद्ध के बाद
एक गाड़ी आती है
पुरानी पटरियों पर पहले की तरह
खँडहर ग़ायब हो जाते हैं
लेकिन उनके साथ दुनिया भी
जैसी वह थी

हम सचमुच कभी अपने व्यतीत से
विदा नहीं लेते
क्योंकि इसके पहले कि हम उसके पास पहुँचें
वह उन बिंदुओं पर
धूल और राख में बिखर जाता है
जहाँ कोई उसे वर्तमान भी कह सकता था

हम मृतकों को खुशी से गले लगा लेते
यदि उन पर पहले ही शब्दों से काम न कर लिया गया होता
शब्दों की लम्बी लड़ियों से
जो अब किसी भी आकार के
मतलब के नहीं रह गए हैं

यदि हम मरते हुए लोगों की आवाज़ों को
थामे हुए होते तो हमारे कान
उस तरह बहरे न होते जैसे कि बोली से
कभी-कभी चीज़ें
अभेद्य होती हैं कभी-कभी काँच की तरह साफ़
लेकिन किरमिचों की तरह
उससे पहले कि वे हमें जख़्मी करें
और ख़ून बहने से हम मर जाएँ

जर्मन से अनुवाद : विष्णु खरे

अचानक खुल पड़ी खिड़की

अब भी आकाश में कहीं रोशनी नहीं। धुआँ
चारों तरफ़। बाहर बजरी पर
कोई एक।
पहचान मुश्किल। कुहासे में लिपटा
और धुंध में।
खटखटाता है काले, चिटकी लकड़ी के
तुम्हारे दरवाज़े को।

और अगर पूछो कि क्या नाम है उसका
जो तुम्हारे दरवाज़े पर दस्तक देता, कोई बोलेगा :

वही जिसे तुमने ज़िंदगी से बाहर फेंक दिया था
कचरे की तरह।
जिसे उँडेल आये थे
बासी धोवन की तरह।
जिसे तुमने चुपचाप सूख जाने दिया
नीलकुसुम की तरह तपती
दोपहरी में।
वह जो हमेशा मृतप्राय। हमेशा लौटता हुआ।

मुझे कहते हैं सचाई।
कोई नहीं रोक पाता मुझे : न यह लकड़ी का
तुम्हारा दरवाज़ा। न तुम्हारे कमरे का दरवाज़ा।
न तुम्हारे मांस की चमड़ी। न ही

तुम्हारे मस्तिष्क पर हड्डी की छत।
मैं अन्दर आ रहा हूँ।

जैसे सुबह।
जैसे दिन जिसे कोई नहीं रोक सकता
आने से।

स्मृति IV

(क्रिस्टोफ़र मिडिल्टन के लिए)

स्मृति, एक नेत्रहीन स्त्री,
नाम छोड़ अन्य कोई पहचान
नहीं उसकी, वह नेत्रहीना जिसके पास
बेशक़ीमती छिपे ख़ज़ाने।

सीसे को सोने में बदल जाते
देखता रह जाता चकित कीमियागर : वे
भी तो इतना ही कर सके कि लोग रूपान्तरित हो गए
बाशिन्दों में, जातियाँ
शब्दों में, घर डिब्बों में,
नगर मरुस्थल में जहाँ
निवासी बक्सों में बसते और चल पड़ते
हुक्म होते ही, बिना जाने
कहाँ से, कहाँ को, किसलिए।

एक नेत्रहीन स्त्री, नाम स्मृति,
एक आँख किंचित खोलती। जब वह
तुम्हें देखते हुए भी नहीं देखती
तुम देखते हो
अपनी उत्पत्ति परत-दर-परत कोयलों के अथाह में।

यह कि बहुत पहले ही खो चुके तुम अपना रहस्य :
क्योंकि तुम दिखाई पड़ने लगे। यानी उपयोगी हो गए।

यह कि तुम्हारा भविष्य, भविष्य की अनेक छवियों सहित,
घटित होता है, घटित होता रहता है।
यह कि तुम एक मूर्ख से अधिक कुछ नहीं। या फिर
निश्चय ही
चक्रगति से घूमते किसी पदार्थ से
छिटक कर अलग जा पड़ा
वैसा ही एक दूसरा पदार्थ। कुछ-कुछ जैसे
कोई आदि देव, भक्तों के बिना,
अपने ही स्वरूप को पूजने लगे।
हत्यारों के गिरोह पालने लगे।
उस एकटक अंधी दृष्टि को सह न पाये
जिसने सबकुछ देखा है।

अंग्रेज़ी से अनुवाद : कुँवरनारायण

जोवान्नी राबोनी

अंग्रेज़ी अनुवाद

प्रभात त्रिपाठी

सूचना

सिर्फ़ थोड़े-से शब्द
बिल के पीछे महज़ एक सूचना
मालिक द्वारा किया गया ग़लत हिसाब
शायद अब बहुत देर हो चुकी है
शायद चक्का इतनी तेज़ी से घूमता है
कि कुछ भी बचना मुश्किल है
कटी-फटी आँखें, घोड़ों के सिर
गुएर्निका के ख़ूबसूरत दिन
ख़मामियाँ यहाँ लुगदी में बदलती हैं
और यहाँ तक कि मैं
जो तुम्हें इस अपरिवर्तित जगह से
लिख रहा हूँ
मेरे पास कोई वाक्य नहीं है
तुम्हारे लिए
कोई आवाज़ नहीं
उस विश्वास के लिए
जो मुझमें अभी भी है
सुडौल बर्तनों या फूस की आयताकार
फूहड़ कुर्सियों के लिए
कुछ ऐसा है जैसे बिलकुल अचानक
कलम मेरे हाथ से छूट गयी हो
और मैं अपनी कुहनी या अपनी नाक से
लिख रहा होऊँ

बढ़ई

अगर खोजो, तो पाओगे
अगर तुम थोड़ी लकड़ी बचाना चाहते हो
तो एक वर्ग या समद्विबाहु त्रिभुज
या वृत्त बनाकर; कीलें ठोंकने के बदले
तुम उसका एक क्रॉस बना सकते हो

अन्यथा

सिर्फ़ सोचने की कोशिश करो
कि कोई किसी से यकीन न करने की ताक़त
नहीं छीनना चाहता
और सिर्फ़ इसी वजह से
घटित होते हैं चमत्कार
सिर्फ़ उन दूसरे लोगों के यहाँ
बेहद घुटनभरी अदृश्य दरारों में;
पलस्तर के पदचिह्नों में
तुम जिनका मुआयना नहीं कर सकते
और फिर ख़बर
जो पल-भर भी देर किये बगैर पहुँचती है
वो सपनाया आवेग
जो तुमसे सड़क पार कराता है
ऐन वक़्त पर
सिर्फ़ तुम्हें भीड़-भड़क्के से निकाल लाने के कारण
मर जाता है कोई एक
अन्यथा तुम नहीं जान पाते क्या करना है

टेबल क्लॉथ

दोस्तों से कहने का कोई मतलब नहीं
लगभग सभी नाराज़ हो जाते हैं
या हँसते हुए अपना सिर पीटते हैं
तुम पैसों की तकलीफ़ के बारे में बातें करते हो
या उन गायकों के बारे में जो दुबले और बूढ़े हो रहे हैं
बाहर रात उल्लू की आवाज़-सी गूँजती है
और हम बहुत थोड़े हैं
इतने ढेर अपराधों की संख्या को झेलने के लिए
बहुत थोड़े
एक अंडा और बैड और गिलास टेबल पर रखे हैं
यंत्रणा के ढेर सारे सौम्य औज़ारों की तरह

ग्रामवासी बेटे के लिए

जब गाँव में रोशनी गुम जाती है
बहुत सारे लोग उभरते हैं जो ग़ायब हो गए थे
पाँसे की गोटें जमने लगती हैं ज़मीन पर
डालियाँ घुसती हैं खिड़की के अँधेरे से
कहती हैं—ठीक है (तुम्हें रोशनी कंपनी के साथ धीरज
बरतना होगा) और तुम महसूस करते हो कि उड़ने लगता
है आघातों का रंग, विवर्ण दाग़ करते हैं इंतज़ार
घोंघे का, माँ और इल्ली का
मोमबत्ती के साथ बतियाते झींगुरों का

डेनिस ब्रूटस

अंग्रेज़ी से अनुवाद

जितेन्द्रकुमार

वक़्त आ गया है

वक़्त आ गया है कि अब मैं कुछ कहूँ
मेरी इस हिसाबी चुप्पी को तोड़ने का
अब वक़्त आ गया है
मौजूदा मित्रों को जिसकी चोट से मैं बचाये हूँ।
मैं उनकी वजह से इन्तहा शर्मिन्दा हूँ
जो चाल में हल्की-सी जुम्बिश ला
जो उनकी हिचक का हिसाब दे देती
मेरी बग़ल से चुपचाप गुज़र जाते हैं

मैं तब बहुत स्वस्थ महसूस करता हूँ
जब मेरा हृदय गुस्से, चोट या वितृष्णा से
भर नहीं उठता
जब कोई मेरी पहचान से भी अनजान बन
चुपके से मेरी बग़ल से गुज़र जाता है

और वे जो आत्मरक्षा के पता नहीं
किस घोंसले को सीने से चिपटाये हैं ऐसे
कि पारम्परिक बधाई का एक शब्द भी
लिख नहीं पाते

मेरी ओर वे अपना केवल वही पक्ष करते हैं
जो विस्मृति की सीमा तक ठंडा हो चुका है

यदि कुछ लोग क़ानून के कठोर नियम से,
विधान की अनिश्चितता की वजह से

दूर रहना चाहते हैं तो समझ में आनेवाली बात है
पर वे
जो फँस जाने के भय से अपने भीतर
सिकुड़ जाते हैं—वे···

हमारी हवा

हमारी हवा का सैन्यवाद से इस तरह भर जाना
बखान से परे है
सूचीबद्ध करने के लायक़ भी वह नहीं है

वह है ख़ुद एक दूषित गैस
जो वायु-सी चारों ओर फैली है
लाखों पिद्दी वस्तुओं की तरह
सर्वव्यापी है ख़ुद हमारा मौसम

हम एक लड़ंका जाति के लोग हो गये हैं
एक घिरे हुए देश में बसे हुए
बन्दूकों से खेलते हैं हमारे बच्चे
स्कूल के लड़के हत्याओं के स्वप्न देखते हैं
हवाई जहाज़ों की लड़ाकू उड़ानें
हमारे सपनों में भरी हैं

अमानुषिक बलियों, हताशा
और भयावह मौतों के ख़ूनी विचारों से
हमारे लोग उन्मत्त हो उठे हैं !

इस रोज़

हर साल इस रोज़ वे धरती को
अपने जूतों के तल्लों से ढोल-सा बजाते हैं

उच्चारते हैं मंत्र उस लहू की गंध को उकसाने को
जिसे खोजते भूखों-से
वे हवा को सूँघ रहे हैं

एक अपराध-भाव उन्हें
आदिम क्रूरताओं में धकेल देता है

पर ज्यों-ज्यों गर्म रेत पर बारिश गिरती है
धुँधलके में चारों ओर फैली धूल की गंध
मुझ तक आती है
धूल की गंध
जो सारी दुनिया में एक-सी है

एक दिवंगत अफ्रीकी के लिए

हमारे न तो कोई नायक हैं, न युद्ध
हम तो महज़ एक बीमार राज के शिकार हैं
अनेक क़िस्म के घावों से पीड़ित
जो घृणा की चाबुक मारती वर्षा में
पल्लवित होते हैं

न हमारी लड़ाइयाँ हैं न झगड़े
जिन्हें इतिहास अपनी जीर्ण टिप्पणी में दर्ज़ करे
केवल अँधेरी रातों की अदृष्टा दुर्घटनाओं में
मारे गये क़ैदी हैं

पर जब भी उन लोगों के नाम पुकारे जायेंगे
जिन्होंने इस धरती को आज़ाद किया
हो वे निहत्थे अनाम लोग भी
उनकी बग़ल में खड़े होंगे
जिन्होंने अंतिम पुरस्कार प्राप्त किया

विदा के शब्द

पवित्र स्वरों में बजती जहाज़ की घंटियों के बीच
ज़ंग-खाये भोंथरे मुहावरे गूँज रहे हैं
उफनाया समुद्र गहरा हो
नौगम्य हो जाता है
पदचिह्न अपने निशान सिकोड़ लेते हैं

यहाँ अपने हृदय के सागर की विडम्बना में
मेरे प्रिय मैं फिर तीखे घिसे शब्द उच्चार रहा हूँ
और फिर उन्हें पूरी तरह बदला हुआ पाता हूँ
और अर्थवान
जो इशारों से जहाज़ के पीछे गिर जाते हैं
और उस धातुभरे कबाड़ में चीख़ते हैं

वही वह सब है
जो मैं कहना चाहता हूँ

हेनरिक नोर्डब्रांट

अंग्रेज़ी से अनुवाद

गिरधर राठी

सहगान

दिन खिसकाते जाते हैं अपनी दीवारें शहर-भर में।
सफ़ेद दीवारें कम से कमतर होती जाती हैं,
उनका उजास तीक्ष्ण से तीक्ष्णतर।
तादाद बढ़ती जाती है नीली दीवारों की।

दीवार-दर-दीवार हम खिसकते हैं उनके साथ···
रह चुकते हैं हम तमाम मकानों में
टोह चुकते हैं तमाम सड़कें ताहद्द
और आ निकलते हैं उस पार

जहाँ दीवारें हैं तमाम नीली और नक्षत्रों से ढँकीं
जहाँ पहले खिले रहते थे धूप में गुलाब।

मौत के मुखौटे से

अपनी ही नींद की संतान हो तुम और इसीलिए उनींदे।
तुम्हारी ख़ातिर घुमक्कड़ शीशे के पहाड़ की ढलान पर
कभी नहीं पाते विश्राम, पक्षी को नहीं मिलती राह अपने नीड़ की
और हवा प्रार्थना-चक्र में दोहराती रहती है अनवरत
लोरी में तुम्हारे ही बोल जो जगाये रखते हैं तुम्हें। एक द्वार की तरह
तुम लगा दिये गये हो उस दरार में जहाँ से
होकर गुज़रते हैं स्वप्न देखनेवाले आँख खुल जाने पर
लेकिन तुम्हें ख़ुद जहाँ दर-गुज़र की इजाज़त नहीं,
जो सोते हैं उनकी संतान हो तुम और उनकी ख़ातिर
हो सनातन उनींदे।

गृह-युद्ध

चाँद जिस पर चमकने आया था
वह उसे नहीं मिल पा रहा।
पुताई झर चुकी है मकानों की।
नदी-तल हो चुका है ख़ुश्क।
और जवान विधवाएँ
भूल चुकी हैं कि कैसे उठाते हैं सिर।

माटी का सिर

तूफ़ान बहा लाया है एक माटी का सिर समुद्र के किनारे पर।
है यह एक समुद्री परी
और मुँह से गर्दन का मीज़ान करें तो
लगता है जैसे इसके हाथ में कुछ है
जिससे इसे प्यार है। देखने में यह
किसी नृत्य के लिए जाती एक आम देहाती छोकरी-सी है
लेकिन कुछ है उदास-उदास-सी बात
जिसकी यह व्याख्या कर नहीं सकती।

इसे क्या ग़म है यह पता लगाने को
आप ज़रा सँभलकर खुरचिये उसके चेहरे से
खड़िया मिट्टी। दिखती है
मानो सुषुप्त हो, स्वप्न में
किसी हरे-भरे चौगान में। लेकिन
मुँह के कोने के पास एक गाल पर
माटी पर दुबका है एक जन्म-चिह्न
जिसे यह अपने केश-गुच्छ में छिपाती है।

उँगली की छाप जैसा है उसका आकार,
दाहिने हाथ की छिरी उँगली-जैसा
और यह छाप शायद बहुत पहले छूटी थी, जब एक बार
केवल एक बार, तुमने छुआ था उसे, धन्यवाद देने
किसी बात के लिए जो अब तुम्हें याद भी नहीं।
हुआ शायद यह हो कि

जैसा तुम चाहते थे, ठीक वैसे ही उसने
कर दिया होगा समर्पण, इतना मनमोहक
कि तुम फिर छोड़ नहीं सके उसे
अपने ही हाल पर।

जब हम छोड़ देते हैं एक-दूसरे को

जब हम छोड़ देते हैं एक-दूसरे को, छोड़ देते हैं हम
उन जगहों को भी जहाँ साथ-साथ थे हम :

धुएँ से काले मकानोंवाली उस अज्ञात-सी बस्ती को
जहाँ हम महीने-भर रहे थे, उन शहरों को जहाँ हमने रात गुज़ारी
जिनके नाम भूल चुके हैं, और एशिया की वे गंधाती होटलें
जहाँ दुपहर में गर्मी से अचानक जागकर
लगता था सो रहे हैं हम हज़ार-एक बरस से ।

और एथेन्स से डेल्फ़ी तक मार्ग के
वे तमाम छोटे-छोटे, लगभग अगम्य पहाड़ी गिरजाघर
जहाँ गर्मियों की पूरी रात जलते हैं तेल के चिराग़

उन्हें भी हम छोड़ देते हैं जब हम छोड़ देते हैं एक-दूसरे को ।

डब्ल्यू. एस. रेण्ड्रा

अंग्रेज़ी से अनुवाद

शिवकुटीलाल वर्मा

झुटपुटा

जलते जंगलों को शान्त करता है नम सांध्य-प्रकाश
गहरे भूरे आकाश से उतरते हैं रक्तशोषक चमगादड़
वातावरण में युद्ध-सामग्री की गंध। लाशों की दुर्गन्ध
और घोड़ों की लीद।
जंगली कुत्तों का एक झुंड
खा रहा है हज़ारों मृत-अर्धमृत मानव-शरीर।
जंगल के झुलसे पेड़ों के बीच
रक्तमिश्रित कीच परिवर्तित हो रहा है तालाब में
विस्तृत और शान्त अदरख के रंग-सा
स्वर्ग से बीस फ़रिश्ते उतरते हैं उनके शुद्धीकरण को
जो झेल रहे हैं तीव्र मृत्यु-वेदना
धरती पर जिन विकराल रक्तशोषकों ने हमला कर दिया
और उनके साथ बलात्कार किया।
मंद-मंद बहती
जीवंत वायु लाशों की छल्लेदार अलकों को हटाती है
रक्त की झील में वृत्त बनाती है
और फ़रिश्तों और चमगादड़ों की वासना को उत्तेजित करती है
हाँ, मेरे भाइयो
मैं जानता हूँ कि यह नज़ारा जो तुम्हें संतुष्ट करता है
इसे रचने के लिए तुमने कितना दत्तचित्त होकर कार्य किया है।

हंस गीत

चकलाघर के मालिक ने उससे कहा :
'तुम इधर दो सप्ताह से ढली लग रही हो
तुम बीमार चल रही हो
तुम कुछ भी पैसा नहीं ला रही हो
दरअसल मेरा ऋण है तुम्हारे ऊपर
मुझे धन गँवाना पसन्द नहीं
मैं तुम्हें और अधिक नहीं रख सकता
यह स्थान
तुम्हें आज ही छोड़ना पड़ेगा।'

(वह देवदूत जो स्वर्ग की रखवाली करता है
जिसके चेहरे पर चमक और विद्वेष है
जलती है जिसकी तलवार
मेरी ओर अभियोग की मुद्रा में संकेत करता है
मेरा नाम मारिया ज़ैतून है
जो बहुत सुंदर भी नहीं और बहुत बूढ़ी है।)

दोपहर के बारह बजे
सूरज आकाश की ऊँचाई पर
न हवा न बादल
मारिया ज़ैतून वेश्यालय छोड़ रही है
कोई सूटकेस नहीं
कोई सामान नहीं
उसकी सहेलियाँ दूसरी ओर देख रही हैं

शरीर में ज्वर
सिफ़लिस से जल रही है वह
गला, आँख, स्तन
और उरु-संधि में फोड़े
उसकी आँखें लाल हैं
होंठ सूखे हुए हैं
मसूड़ों से रक्त बह रहा है
उसका हृदय-रोग फिर पीड़ित कर रहा है उसे
वह डाक्टर के यहाँ जाती है
जहाँ उसके पहले से बहुत सारे लोग प्रतीक्षा कर रहे हैं
वह उनके बीच बैठ जाती है
सहसा वे अपनी नाक दबाये हुए एक ओर खिसक जाते हैं
वह गुस्से में कोसने लगती है
नर्स जल्दी से उसकी बाँह पकड़ती है
उसकी बारी आने के पहले ही
वह उनके सामने से उसे ले जाती है
और कोई कुछ नहीं बोलता
'मारिया ज़ैतून
तुम्हारे ऊपर मेरे कुछ रुपये बाक़ी हैं' डाक्टर कहता है
'हाँ' वह उत्तर देती है
'तुम्हारे पास अभी कितना पैसा है ?'
'कुछ भी नहीं'
डाक्टर सर झटकता है और उसे कपड़े उतारने का आदेश देता है
अपना ब्लाउज़ खोलते हुए उसे पीड़ा महसूस होती है
उसकी काँख के फोड़े से वह चिपक जाता है
'इतना काफ़ी है' डाक्टर कहता है
बग़ैर उसका परीक्षण किये हुए
वह नर्स से फुसफुसाकर कहता है
'उसे विटामिन सी का एक इंजेक्शन दे दो'
चौंककर नर्स धीमे-से कहती है :
'विटामिन सी ?
डाक्टर, क्या वह सलवरसान से ठीक नहीं हो सकती ?'

'क्यों ?
उसके पास देने को कुछ नहीं है
और वह मृतप्राय हैं
उसे विदेश की क़ीमती दवायें क्यों दी जाएँ।'

(वह देवदूत जो स्वर्ग की रखवाली करता है
जिसका चेहरा द्वेषपूर्ण और दुर्भावभरा है
जलती है जिसकी तलवार
मेरी ओर अभियोग की मुद्रा में संकेत करता है
मैं भय से काँप उठती हूँ
मैं कुछ भी महसूस नहीं कर पाती, सोच नहीं पाती।
मेरा नाम मारिया ज़ैतून है
एक अभागिन और भयभीत वेश्या)।

दोपहर एक बजे
सूर्य अब भी अपने शिखर पर,
मारिया ज़ैतून बग़ैर जूते के चली जा रही है
और घटिया क़िस्म का डामर उसके पैरों तले
पिघल रहा है
वह गिरजाघर की ओर जाती है
जहाँ ताला बंद है
क्योंकि वे चोरों से भयभीत हैं
वह वृद्ध पादरी के यहाँ जाती है और घंटी बजाती है
चौकीदार बाहर आता है और कहता है :
'तुम्हें क्या चाहिए
फ़ादर अभी लंच कर रहे हैं
और यह उनका लोगों से मिलने का समय नहीं है।'
'मुझे अफसोस है। मैं बीमार हूँ। यह अत्यावश्यक है।'
चौकीदार पहले उसकी गंदी बदबू करती देह को
प्रश्नवाचक निगाहों से देखता है
फिर कहता है :
'तुम जितनी देर बाहर ठहर सको प्रतीक्षा करो
मैं जाकर पूछता हूँ कि क्या फ़ादर तुमसे मिलना चाहेंगे।'

दरवाज़ा बंद कर वह अन्दर चला जाता है
धूप से चौंधियाती हुई वह प्रतीक्षा करती है
घंटे-भर बाद
दाँतों के बीच फँसे अन्न-कण निकालते हुए
पादरी बाहर आता है
वह अपनी सिगरेट जलाता है, फिर पूछता है :
'तुम्हें क्या उलझन है ?'
'मुझे अपने पाप स्वीकारना है'
'लेकिन यह उनकी स्वीकृति का समय नहीं है ।
यह मेरी प्रार्थना का समय है ।'
'मैं मरने ही वाली हूँ ।'
'क्या तुम बीमार चल रही हो ?'
'हाँ । मुझे यौन-रोग है ।'
यह सुनते ही पादरी दो क़दम पीछे हट जाता है
उसका चेहरा सिकुड़ जाता है
फिर थोड़ा चकराया-सा वह दुबारा पूछता है :
'क्या तुम रात को पेशा करनेवाली औरत हो ?'
'हाँ । मैं एक वेश्या हूँ ।'
'सेंट पीटर की क़सम ! तुम तो एक कैथोलिक हो ।'
'हाँ ।'
'सेंट पीटर की क़सम !'
तीन नीरव क्षण
सूर्य जल रहा है
तब पादरी फिर कहता है :
'तुम्हें पाप के लिए बहकाया गया'
'मुझे बहकाया नहीं गया । पर मैंने महापाप किया है ।'
'तुम्हें शैतान ने धोखा दिया ?'
'नहीं । मुझे ग़रीबी
और रोज़गार न मिल पाने की असफलता ने विवश कर दिया ।'
'सेंट पीटर की क़सम !'
'सेंट पीटर की क़सम ! फ़ादर मुझे सुनिये
मुझे नहीं जानना है कि मैंने पाप क्यों किया

मैं महसूस करती हूँ कि मेरा सारा जीवन असफल रहा है
मेरी आत्मा भ्रमित है
और मैं मरना चाहती हूँ
लेकिन मैं बुरी तरह भयभीत हूँ
मैं चाहती हूँ कि ईश्वर या कोई भी
मेरा मित्र बने।'
धर्मगुरु का चेहरा तमतमा उठता है
वह मारिया ज़ैतून से कहता है
'तुम शायद कोई ख़ूँख़्वार बाघिन हो
हो सकता है तुम पागल हो गई हो
लेकिन तुम अभी मरनेवाली नहीं हो
तुम्हें धर्मगुरु की ज़रूरत नहीं है
तुम्हें मनोचिकित्सक चाहिए।'

(वह देवदूत जो स्वर्ग की रखवाली करता है
जिसके चेहरे पर अहंकार और द्वेष झलक रहा है
जल रही है जिसकी तलवार
मेरी ओर अभियोग की मुद्रा में संकेत करता है
मैं थक गई हूँ, शक्तिहीन,
ज़ोर से रो नहीं सकती। बोल नहीं सकती।
मेरा नाम मारिया ज़ैतून है
एक भूखी-प्यासी वेश्या।)

दोपहर तीन बजे
सूरज अब भी जल रहा है
हवा तक नहीं
मारिया ज़ैतून पैर के अँगूठे के बल चल रही है
जलती हुई सड़क पर
सहसा सड़क पार करते हुए
वह कुत्ते के गू में फिसल जाती है
वह गिरती नहीं
लेकिन उसके उरु-संधि के फोड़े से रक्त बहने लगता है
और टपकता-टपकता उसके पाँव के नीचे पहुँच जाता है

ब्याती हुई गाय की तरह
उसकी टाँगें फैलती जा रही हैं
बाज़ार के पास वह रुकती है
सर चकरा रहा है
हाँफती हुई, वह भूखी है
लोग उससे बच-बचकर चल रहे हैं
वह एक रेस्त्राँ के पिछवाड़े जाती है
जूठा फेंके जानेवाले कनस्तर से भोजन का उच्छिष्ट
बटोरती है
केले के पत्ते में उसे सावधानी से लपेटती है
और शहर के बाहर चली जाती है।

(वह देवदूत जो स्वर्ग की रखवाली करता है
उसका चेहरा ठंडा और द्वेष से भरा हुआ है
जल रही है जिसकी तलवार
मेरी ओर अभियोग की मुद्रा में संकेत करता है
ओ ईश्वर मेरी पुकार सुनो
मेरा नाम मारिया ज़ैतून है
मैं एक दुर्बल वेश्या हूँ जो भय से काँप रही है।)

शाम चार बजे
वह एक घोंघे की भाँति घिसटती है
भोजन के टुकड़ों का बंडल अब भी उसके हाथ में है
जो अभी तक खाया नहीं गया
उसका माथा तर है
उसके बाल बिखरे हुए
उसका चेहरा सूखे नींबू की तरह हरा और दुबला है
अब पाँच बज चुके हैं
उसने शहर छोड़ दिया है
सड़क पर अब ड़ामर नहीं है
केवल धूल
वह सूरज की ओर देखती है
और धीरे से कहती है 'बदबू का पिंड'

एक किलोमीटर और चलने के बाद वह सड़क छोड़ देती है
और चावल के खेतों की ओर मुड़ जाती है
और क्यारियों पर चलने लगती है।

(वह देवदूत जो स्वर्ग की रखवाली करता है
जिसके चेहरे पर अहंमन्यता और विद्वेष झलक रहा है
और जल रही है जिसकी तलवार
मुझे दूसरी ओर मोड़ता है
नफ़रत से भरा
वह अपनी मर्दानी तलवार भोंक देता है मेरी उरु-संधि में
ओ प्रभु सुनो
मेरा नाम मारिया ज़ैतून है
एक पराजित वेश्या
एक अपमानित वेश्या।)

शाम छः बजे
मारिया ज़ैतून दरिया के किनारे पहुँचती है
हवा बह रही है
सूरज डूब रहा है
दिन बदल रहा है झुटपुटे में
थककर वह लेट जाती है नदी-किनारे
धोती है अपने हाथ-पाँव और चेहरा
तब धीरे-धीरे खाती है
एक क्षण को रुकती है
अब और खाने की इच्छा नहीं रह गई है
फिर वह नदी से पानी पीती है।

(रखवाली करता देवदूत :
क्या तुम्हें महसूस नहीं होता कि शाम हो गई है
हवा पहाड़ से नीचे उतर रही है
दिन लेटने जा रहा है?
वह देवदूत जो स्वर्ग की रखवाली करता है
दृढ़तापूर्वक उसे मोड़ देता है

एक मूर्तिवत् वह खड़ा है
उसकी तलवार जल रही है।)

सात बजे! अब रात हो गई है
कीड़े भनभनाने लगे हैं
दरिया चट्टानों से टकरा रहा है
दरिया के दोनों ओर के पेड़ और झाड़-झंखाड़ ख़ामोश हो गये हैं
और चाँदनी में चमक रहे हैं
मारिया ज़ैतून अब भयभीत नहीं है
वह अपने बचपन और युवावस्था को याद कर रही है
अपनी माँ के साथ दरिया में नहाना
पेड़ों पर चढ़ना
अपने प्रेमी के साथ मछली मारना
वह अब अकेली नहीं है
और उसका भय समाप्त हो चुका है
उसे महसूस होता है
कि जैसे वह अपने किसी पुराने दोस्त के साथ है
पर तभी उसमें अपने शेष जीवन की कहानी का भी
बोध जागने लगता है
और चूँकि वह उसकी असफलता को जानती है
वह उदास हो जाती है
और उसके समक्ष अपने पाप स्वीकारने लगती है
पूरे समय सिसकियाँ भरते हुए
जो उसके दिल के लिए अशुभ है।

(वह देवदूत जो स्वर्ग की रखवाली करता है
जिसका चेहरा बिल्कुल ठंडा और द्वेष से भरा हुआ है
मेरा उत्तर सुनने
और मेरी आँखों में देखने से इन्कार कर देता है
उससे बात करना व्यर्थ है
वह खड़ा है आक्रामक मुद्रा में
और उसकी तलवार जल रही है।)

समय
चाँद
पेड़
सिफ़लिस
फोड़े
औरत
दर्पण की तरह
तेज़ रोशनी प्रतिबिम्बित करता हुआ दरिया
चमकती हुई लम्बी घास।
एक पुरुष दरिया के उस पार आता है
वह पुकारता है 'क्या तुम मारिया जैतून हो?'
'हाँ' वह आश्चर्य करती हुई उत्तर देती है
पुरुष दरिया पार करता है
वह दृढ़ और हृष्ट-पुष्ट है और उसका चेहरा सुन्दर है
उसके बाल घुँघराले हैं
आँखें बड़ी-बड़ी
मारिया ज़ैतून के दिल की धड़कन
बढ़ जाती है
उसे लगता है
जैसे उसने उस पुरुष को पहले भी देखा है
यद्यपि यह नहीं मालूम कि कहाँ
बिस्तर पर तो नहीं ही।
यह कितना खेदजनक है!
क्योंकि वह उसके-जैसे पुरुषों को पसंद करती है
'तो यहाँ हुआ है हमारा मिलन' पुरुष कहता है
क्षण-भर के लिए उसे आश्चर्य होता है
पुरुष झुकता है और उसके अधर चूम लेता है
नारियल-पानी की तरह है उसका ज़ायका
ऐसे चुम्बन का अनुभव उसे पहले कभी नहीं हुआ
अब वह उसकी चोली खोलता है।
वह शक्तिहीन है पर साथ ही प्रसन्न भी
वह समर्पण कर देती है

अपनी आँखें बन्द किये हुए उसे महसूस हो रहा है
जैसे वह तैर रही हो किसी अपरिचित समुद्र में
और जब समाप्त होता है यह
वह विस्मय से कहती है
'मैंने केवल स्वप्न में कल्पना की थी
कि मेरे साथ भी ऐसा हो सकता है
मुझे कभी ऐसी आशा नहीं थी
कि तुम्हारे जैसा सुन्दर पुरुष
मेरे जीवन में भी आ सकता है।'
बड़े उल्लास के साथ वह उसे निहारता है
फिर आदर और धैर्यपूर्वक मुस्कराता है
'नाम क्या है तुम्हारा' मारिया ज़ैतून पूछती है
'दूल्हा' वह उत्तर देता है
'मुझे प्रमाण दो।
तुम मज़ाक़ कर रहे हो'
और यह कहने के साथ ही मारिया ज़ैतून
उसके सारे शरीर को चूमने लगतीं है
सहसा वह रुक जाती है
अपने नायक के शरीर में उसने दाग़ देखे हैं
उसके बायीं ओर
उसके दोनों हाथों में
उसके दोनों पैरों में
मारिया ज़ैतून धीरे से कहती है :
'मैं जानती हूँ तुम कौन हो'
फिर पुरुष को ऊपर से नीचे तक देखती है
वह स्वीकृतिसूचक सर हिलाता है 'हाँ वाक़ई!'

(वह देवदूत जो स्वर्ग की रखवाली करता है
जिसका चेहरा दुष्टता और द्वेष से भरा हुआ है
और जल रही है जिसकी तलवार
अब कुछ नहीं बिगाड़ सकता
बेढंगे ढंग से वह ठिठुर जाता है
उसमें अब मेरी ओर उँगली उठाने का साहस नहीं है

मैं अब तनिक भी भयभीत नहीं हूँ
अकेलापन और कष्ट समाप्त हो चुके हैं
नाचती हुई मैं स्वर्ग के फाटक में
प्रविष्ट होती हूँ और खाती हूँ जी-भरके सेब
मेरा नाम है मारिया ज़ैतून
वेश्या और दुल्हन एक साथ।)

एक जेबकतरे की अपनी प्रेमिका को सलाह

सित्ती !
मैं पहले की अपेक्षा तुम्हारी स्थिति को बेहतर ढंग से
समझने लगा हूँ
मैं तुम्हें अपना पति छोड़ने और
तुमसे शादी करने की बात करके
तुम्हें और अधिक नहीं ठगूँगा ।

(चमगादड़ उड़ते हैं एक दूसरे का पीछा करते हुए
एक शकुन
कि शाम हो रही है
मैं अपनी सुंदर देह धोते हुए
स्नानागार में गुनगुनाती हूँ
ओह मेरे दिलबर, मेरे प्रिय
मैं अपना जालीदार ब्लाउज़
और नई स्कर्ट पहने हुए
उस कोने में तुम्हारी प्रतीक्षा करूँगी)

तुम भाग्यवान और समझदार हो
सेविका से उन्नति करते-करते अब
एक कार्यालय-अध्यक्ष की पत्नी हो गई हो
तुम्हें और क्या चाहिए ?
मेरे साथ शादी तुम्हारे भविष्य की संभावनाओं को केवल नष्ट करेगी
आनेवाले दिन निश्चित रूप से और ज़्यादा मुश्किल होते जाएँगे

एक जेबकतरे की क़िस्मत अनिश्चित है
कोई निश्चित समाचार नहीं है वह
तुम्हारे गर्भ में पल रहे शिशु का
सही पिता मैं नहीं हो सकता।

(चमगादड़ उड़ते हैं एक दूसरे का पीछा करते हुए
एक शकुन,
कि शाम हो रही है
सूर्य समुद्र में दर्दनाक ढंग से वमन कर रहा है
जकार्ता के लोगों का घुट रहा है दम
ओह, यह हवा
ओह, मेरे प्रेमी
काँपती हैं मेरी शिराएँ
इस इंतज़ार में
कि कब तुम्हारी जिह्वा
मेरे शरीर का स्पर्श करेगी।)

अपने प्रति तुम्हारे प्यार में मुझे कभी सन्देह नहीं रहा
लेकिन पहले ज़रूरी है मेरे लिए
तुम्हारा ख़्याल रखना
ब्याह का महत्व उसके बाद है
तुम्हारे बच्चे के भविष्य के संघर्ष के लिए
अपने हृदय को तैयार करना होगा हमें
अपने पति को उचित ढंग से ठगना शुरू करो
अपना जीवन सुविधाजनक बनाने को
जो उसके पास है
उसे नली में भरे द्रव-सा निकालना शुरू करो
तुम्हारा पति एक सामान्य ढंग का सीनियर सिविल सर्वेंट है
उसे पसन्द है दूसरों को भ्रष्ट करना और घूस खाना
तुम बदले में उसे ठगो
यही सही ढंग है
चोर चोर को ठगता है यह स्वाभाविक है

और फिर
इज़्ज़त चोरों के बीच लिपस्टिक की तरह है
याद रखो चालाकी सर्वोपरि
फिर साहस
और क्रमांक तीन पर अध्यवसाय
चौथे क्रमांक पर दृढ़ता झूठ बोलने में भी
यही ढंग है चोरों के जीने का
चिंता मत करो
छोटे लोग सदा-सर्वदा यों पिटे हुए नहीं रह सकते।

(चमगादड़ उड़ते हैं एक दूसरे का पीछा करते हुए
एक शकुन,
कि शाम हो रही है
मुझे आज छोड़ना ही होगा तुम्हें
क्योंकि वह अचानक आ गया है
आज रात
वह मूर्ख विदूषक मेरे बिस्तर पर कलाबाज़ी करेगा)

हमेशा अपनी स्थिति को सुधारने का प्रयास करो।
प्रयास करो एक मंत्री से मिलने
और उसकी प्रेमिका बनने का
एक मंत्री की प्रेमिका होने के बावजूद
अपने पहले प्रेमी को बनाये रखो
यदि वह तुम्हारे जारज सम्बन्ध को अस्वीकार करता है
गोकि वह स्वयं वैसा ही सम्बन्ध रखता है
तुमसे और अपनी पत्नी से,
तो इसका अर्थ यह है कि वह स्वयं को ही नहीं समझता
उसका आलिंगन करो
जब तक तुममें जोश है और तुम्हारी छातियाँ कसी हुई हैं
अपनी शिक्षा की कमी के कारण
तुम्हें इस तिजारत में आतंकित नहीं होना है
ये हमेशा उन्हें आकर्षित करती हैं

तुम्हारी बकवास की ओर भी किसी का ध्यान नहीं जाएगा
जब तक तुममें उत्साह, निश्चय और दृढ़ विश्वास है।
यह है वस्तुत: एक मंत्री का सही मॉडल।

(चमगादड़ उड़ते हैं एक दूसरे का पीछा करते हुए
एक शकुन,
कि शाम हो रही है
मेरी भावनाएँ पहुँच जाती हैं उस क्षण में
जब हम व्यस्त थे परेड देखने में
और तुमने मेरे पीछे चिकोटी काटी थी
और मैंने तुम्हारे पाँव पर लात मारी थी
यों हुआ था हमारा मिलन

और अब हर शाम
एक खूब पके हुए केले-सी
मैं तुम्हारे उस हाथ का इन्तज़ार करती हूँ
जो मुझे खोलेगा।)

अंतिम बात मैं तुम्हारे जिस शिशु की आशा करता हूँ
—दिन-रात उसकी हिफ़ाज़त करो—
हो सकता है वह लड़का हो
उसे लड़ना सिखाना
पीछे से वार करने में उसे कोई हिचक नहीं होनी चाहिए
किसी आदमी को वह उसके चरित्र से न परखे
सम्भावनाएँ सिर्फ़ दो होती हैं दोस्त या दुश्मन
दोस्त कुछ समय के लिए उपयोगी हो सकते हैं
दुश्मन सर्वकालिक बुराई है
जिस पर तब तक प्रहार होना चाहिए
जब तक कि वह बुरी तरह कुचल न जाए
ख़ुद को जीवित रखने का यही मूल मंत्र है
उसे ऊँचा पद पाने की शिक्षा दो
ईश्वर न करे वह एक शिक्षक या प्रोफ़ेसर बने
यह एक दुखद स्थिति है

कोई आमदनी नहीं
यदि हो सके तो वह एक पुलिस या सैनिक बने
ताकि उसे आवश्यकता न पड़े चावल ख़रीदने की
बल्कि राज्य से उसके साथ उसे एक बढ़िया वर्दी भी मिले।
क़ानूनी या ग़ैरक़ानूनी किसी भी ढंग से
उसको पहले मिलने चाहिए उसके अधिकार
ताकि वह उतनी ही सहजता से दे सके झाँसा
जैसे कि तुम
और उसका भी चेहरा उतना ही चिकना हो
जैसे मेरा
यही वह आदर्श ताल-मेल है
जिसका अर्थ है कि उसके पास राजनीति की प्रतिभा है
कौन जाने वह एक दिन संसद-सदस्य
या मंत्री भी बन जाए
जकार्ता में सफल होने के लिए ये अनिवार्य गुण हैं।

(चमगादड़ उड़ते हैं एक दूसरे का पीछा करते हुए
एक शकुन,
कि शाम हो रही है
बसों की बत्तियाँ जल चुकी हैं
औरतें लगा रही हैं लिपस्टिक
मेरे प्रिय मुझे बताओ
दुबारा हम कहाँ मिलेंगे।)

शुन्तारो तानीकावा

अंग्रेज़ी से अनुवाद

उदयन वाजपेयी

चुम्बन

वह घर आयी गंध लिये पराये पुरुष की
और बस मैं उसे चूम नहीं सका
तब धूप से अब तक गर्म रज़ाइयाँ लेकर
हम साथ बिस्तर में लेट गये
उस दिन इतना सुन्दर मौसम था
तब भी मैं उसे चूम नहीं सका
उसने अपने स्तन मेरे सीने में गड़ा दिये
तब भी मैं उसे वह नहीं कर सका
मुझे लगा वह कोई और स्त्री है
जैसे हम कभी नहीं मिले हैं
तब भी बिना उसकी जंघाओं के बीच प्रवेश किए
उस दिन रविवार-सा लग रहा था
        जब मैं अकेला मछलियाँ पकड़ने जाता था
और सर्दियों के सुकुमार सूर्य को देखता था
        छोटे-से तालाब के किनारे
मैं डरा हुआ था–
तब भी मैं वह नहीं कर सका
फिर कुछ देर में मुझे नींद आने लगी
रात घास के विराट मैदान की तरह थी
कोई जितना चाहे दौड़ सकता था
        कोई जितना चाहे दौड़ सकता था

कोई चीज़

मैंने एक फ़ज़ूल की चीज़ खो दी
ऐसी नहीं जिसके बग़ैर मेरा काम न चल सके
ऐसी नहीं जिससे जुड़ी हों मेरी स्मृतियाँ
ऐसी नहीं जिसे मैं ख़रीद न सकूँ कोने की दुकान से
लेकिन चूँकि मैं उसे ढूँढ नहीं पाया
एक शाश्वत भूलभुलैया हो गयी है हर दराज़
जहाँ भटकते हुए मैंने बिताए तीन घंटे
हक्का-बक्का, मैं नीचे बगीचे में गया
और पूरब के आकाश को देखा
साँझ की किनार पर चमकना शुरू कर रहा था पहला तारा
मैंने इसका कारण पूछा कि मैं जीवित हूँ
एक प्रच्छन्न शंका तिरने लगी मेरे सिर में
क्यों, दसियों वर्ष बीत गये मुझे इस तरह की बात सोचे
यह ठीक है कि इतनी आसानी से नहीं मिलते जवाब
लेकिन सचमुच एक खोई चीज़ ढूँढने को मैंने कमर कस ली
और कमरे में घुसा दोबारा हासिल हिम्मत के साथ
यह सोचते हुए कि सारा परिचित सामान
कहीं मर न चुका हो चमकते अवसाद में

कमरे के बारे में

आदमी ने स्वयं को घेर लिया
व्योम बेहद डरावना था
काल बेहद उदास

तब उसने सुरक्षित महसूस किया
अनन्त व्योम की जगह वहाँ थीं विशुद्ध सफ़ेद दीवारें
अनन्त काल की जगह मुलायम बिस्तर

तब भी ज़रूरत थी खिड़की-दरवाज़ों की
दरवाज़े जिगरी दोस्तों की ख़ातिर
खिड़कियाँ गर्मियों के ख़ूबसूरत सूर्य के लिए

दिन में बाहर नीला आकाश है और मेघों की दीवारें
मैदानों और सड़कों का बिस्तर
हालाँकि रात में आदमी ने स्वयं को भीतर बन्द कर लिया

'प्रिय कमरा' बुदबुदाते रहे हैं मनुष्य हमेशा से
आकाश ने ईमानदारी से आदमी का क़रीबी रिश्ता बनाया
बसंत ग्रीष्म शरद और सर्दियों से अचानक मृत्यु के दिन तक

मैं कुछ नहीं जानता उस आदमी के बारे में
लेकिन उसके बग़ैर यह कमरा
धीरे-धीरे लगने लगता है ब्रह्माण्ड-सा

मृत्यु और आग

कोई नहीं जो मेरी जगह मर सके
इसलिए मुझे ही मरना चाहिए
किसी और की हड्डियाँ नहीं
मैं खुद अपनी हड्डियाँ बनूँगा
अवसाद
लोगों की बातचीत
सुबह की ओस में भीगा मकड़ी का जाला
इनमें से एक भी
नहीं ले जा सकता मैं अपने साथ
शायद मेरा पसंदीदा एक गीत दिया जाएगा
कम से कम, मुझे सुनने
अपने हड्डी के कानों से

'अपने साथी मौन के साथ' से

1.

इस वक़्त कहने को कुछ नहीं है मेरे पास
मैं सिर्फ़ धूप सोखता यहाँ बैठा हूँ
मेरी बीवी खूबसूरत है
और मेरे बच्चे प्यारे

क्या मैं सच बोल दूँ ?
मैं कवि नहीं हूँ
होने का स्वाँग करता हूँ

मुझे बनाया गया और अब यहाँ हूँ मैं फेंक दिया गया
देखो : समुद्र पड़ गया है स्याह
लेकिन तब भी धूप चट्टानों पर थपेड़े खा रही है

सचमुच कहने को तुमसे कुछ नहीं है मेरे पास
सिवाय इसके कि यह दिन डूबा है धूप और विश्राम में
तब भी नहीं जब दौड़ रहा हो रक्त तुम्हारे नगर की गलियों में
मैं हमेशा चमत्कृत रहूँगा इस धूप से

'अपने साथी मौन के साथ' से

4.

'सागर'
शब्द है शुष्क, कृशकाय तब भी
तूफ़ान मचाती लहरों को
मैं कहता रहूँगा 'सागर'

'आह, सागर…'
इससे आगे नहीं बढ़ूँगा मैं
प्रिया, इस फैलते मौन में
आगे बढ़ाओ अपना ताँबई हाथ

सारे रूपकों से परे है तुम्हारी देह
चुम्बनों पर फिसलते हैं हम
पसीने पर पसीना

तुम्हारी कराह
मेरे सुलगते कानों में आकर बदल जाती है फुसफुसाहट में
लहरों से भी ज्यादा नज़दीक टूटती-बिखरती

अरुण कोलटकर

मराठी से अनुवाद

निशिकान्त ठकार

राजेन्द्र धोड़पकर

तितली

नहीं है कोई कहानी इसके पीछे।
निमिष की तरह खंडित वह।
अपने ही को धुरी बनाती घूमती है।

नहीं है उसका कोई भविष्य।
न किसी अतीत से टंकित है वह।
वर्तमान का व्यंग्य विभ्रम।

वह है एक इतनी-सी पीली तितली।
जिसने इन टुच्चे टीलों को
अपने पंखों के नीचे कर दिया है।

एक पीली चुटकी
बंद होने से पहले वह खुलती है
और खुलने से पहले ही बंद हो

अरे कहाँ है वह

पत्थरों का छोटा ढेर

एक जगह ढूँढो
जहाँ ज़मीन
ज़्यादा असम नहीं हो
और हवा
ज़ोरदार न हो

पत्थर रखो
दूसरे के सिर पर
तीसरा ढूँढो
इन दोनों के ऊपर रखने
और ऐसा ही चलने दो

हर एक को चुनो
दूसरों को मन में रखते हुए
हर एक बिल्कुल
सही आकार का
सही वज़न का

अगर तुमने चुना है
तुम्हारा पहला पत्थर ठीक से
तो इस तरह
बाँधते जाने से
खड़े होते जायेंगे पत्थर

भगवान तुम्हारा भला करे
नौजवान नारी
तुम बनो
भागवंती उतनी ही
जितनी चतुर हो

अब घर जाओ
अपने पति के साथ
तुम्हें मिले
सुख साथ-साथ
और वह बना रहे चिरकाल ।

यशवंतराव

तुम्हें किसी देवता की तलाश है ?
मुझे एक अच्छा-सा मालूम है ।
नाम है उसका यशवन्तराव
और वह बहुत ही अच्छा है
उसके ज़रूर दर्शन कर लो
जब अगली बार जेजुरी जाओ ।

यह ज़रूर है कि वह दूसरे दर्जे का देवता है
और स्थान है उसका प्रधान मन्दिर के बाहर
बाहर की दीवार के भी बाहर ।
मानो वह हो
बेपारियों और कोढ़ियों के बीच ।

मैं देवताओं को जानता हूँ
सुन्दर मुखड़ोंवाले
या सीधे कपड़ोंवाले ।
देवता सोने के लिए तुम्हें सोखनेवाले ।
देवता प्राणों के लिए तुम्हें सोखनेवाले ।
देवता जो तुम्हें बल देते हैं चलने का
प्रज्ज्वलित अंगारों की शय्या पर ।
देवता जो तुम्हारी बीवी के पेट में बच्चा रखते हैं
या तुम्हारे दुश्मन के पेट में छुरा
देवता जो तुम्हें बताते हैं कि तुम्हें कैसे जीना है
धन को दुगुना करना

ज़मीन ज़ायदाद को तिगुना
देवता जो शायद ही मुस्कराहट को दबा सकते हैं
जब तुम उनके लिए एक मील तक रेंगते आते हो
देवता जो तुम्हें डुबो देते हैं
गर तुम उन्हें नया मुकुट नहीं ख़रीदते हो।
और अगरचे मैं जानता हूँ कि वे सब स्तुति के पात्र हैं,
पर या तो वे बहुत ही इकरंगे हैं
या मेरी पसन्द के लिए बहुत ही नटरंगे हैं।

यशवन्तराव
कत्थई प्रस्तर का पुंज
पोस्ट बॉक्स जैसा उजला,
आदि द्रव्य का आकार
या बृहद् लावा-पाषाण
दीवार पर पटका हुआ,
बिना बाँह या टाँग
या एक भी सिर का।

यशवन्तराव
वह देवता है जिससे तुम्हें मिलना ही चाहिए।
अगर तुम्हारे कोई अवयव नहीं हैं,
तो यशवन्तराव तुम्हें हाथ देगा
और तुम्हें अपने पैरों पर खड़ा करेगा।

यशवन्तराव
कुछ चमत्कार नहीं करता
वह तुम्हें धरती का आश्वासन नहीं देता
या स्वर्ग जानेवाले अगले यान में तुम्हारा आसन बुक नहीं करता।

पर अगर हैं कुछ हड्डियाँ टूटी हुई,
तो जान लो कि वह उनको ठीक बिठाता है।
वह तुम्हारे शरीर में पूर्णता लाता है
और आत्मा को छोड़ देता है अपने आप पर ध्यान देने

वह मात्र हड्डियाँ जोड़नेवालों जैसा है।
बात सिर्फ़ इतनी ही है
कि उसके अपने सिर, हाथ या पाँव नहीं हैं
शायद इसीलिए वह हमें कुछ ठीक तरह से समझ लेता है।

चैतन्य

मिथकों के झुंड ने
पहाड़ की ढलान पर
चरना छोड़ ऊपर देखा
जब चैतन्य दृष्टिपथ में आया

पहाड़ ख़ामोश खड़े रहे
जब चैतन्य
जा रहा था वहाँ से
गाय की घंटी गूँज उठी
जब वह हो गया आँखों से ओझल
मिथकों का झुंड
फिर लौट आया चरने को

सभी कवितांश लम्बी कविता 'ज़ेजुरी' से।
अनुवाद : निशिकान्त ठकार

क्या डेंजर हवा चल रही है

अरे तेरी टोपी
तेरी टोपी गई भाड़ में
सिर पहले सँभाल
क्या डेंजर हवा चल रही है
खोपड़ी में कचरा
आँखों में धूल धूल

साहब की खिड़की फूट गई
गद्दे पर काँच ही काँच
क़ालीन साहब का
अपने आप लिपटता जा रहा है
लोट रहा है गड़बड़
पारसिन या फ़्लावर-पॉट

सिंधन की डोरी पर
महँगी नायलान की साड़ी
चल पड़ी हवा में हवाई जहाज़
नौवीं मंज़िल पर के
बंगाली का पजामा
उसके पीछे लगा

खपरैलों को कँपकँपी
फड़फड़ा रहे हैं पक्षी जैसे
कुलकर्णी की दीवार पर की
डिगरियों की ठिकरियाँ फ़र्श पर

नारू नारू तेरा बाप
खिसक लिया फोटो में से बाहर

मैदान पर इधर-उधर
हाईस्कूल के पेपर
भागती मर्सिडीज़ पर
कड़कड़कड़ाट गिरा पेड़
प्रोफ़ेसर साहब आपकी
कविता गई उड़

भाग लो पेंटर
पड़ा रहने दो रंग का डबड़ा
खड़खड़ा रहा है होर्डिंग का टपरा
तुम्हारी ही बनाई पचीस फुट की हेलन
तुम्हारे ही सिर पर सवार हो जाएगी
एक ही टाँग में दबोच लेगी मुंडी

मास्टर जी मास्टर जी देखो देखो कैसे
झटके मार रहा है दीवार पर
भारत का नक्शा
गया उड़ खिड़की के बाहर
पहाड़ों-सहित, नदियों-सहित, खूँटे-सहित
चला सीधा आसमान में

अनुवाद : राजेन्द्र धोड़पकर

बेला अख़्मादूलीना

रूसी से अनुवाद

वरयाम सिंह

दिसम्बर

हम पालन करते हैं शिशिर के नियमों का।
खेलते हैं पर रोके रखते हैं अपनी हँसी
और तरह-तरह की आकृतियाँ बनाने के लिए
हम उठाते हैं ज़मीन पर से सफ़ेद बर्फ़।

बाड़ के पास जमा हो जाते हैं पथिक
जैसे ख़तरे का पूर्वाभास हो चुका हो उन्हें,
घेर लेती हैं उन्हें बोझिल चिंताएँ :
ऐसे में तुम्हारे और मेरे बीच क्या रहता है अभिप्राय।

हम बस बर्फ़ से बनाते रह जाते हैं मनुष्याकृतियाँ।
कितनी ख़ुशी होती है और कितना आश्चर्य
जब आकृतियों की ऊँचाई और लम्बाई
निर्भर करती है हमारी हाथों की हरकतों पर !

तुम कहते हो : देखो, कितनी बढ़िया मैं बना लेता हूँ आकृतियाँ।
सचमुच, कितनी कुशलता से तुम
रूपहीन को प्रदान करते हो रूप !
मैं कहती हूँ : देखो, कितना अच्छा लग रहा है मुझे यह सबकुछ।

अपनी रूपरेखाओं को अंतिम रूप देती है बर्फ़,
हमारे आदेशों का पालन करती है बर्फ़।
और अचानक मुझे आभास होता है तुम्हारे ख़ूबसूरत चेहरे का
जिसे तुम मोड़ देते हो बर्फ़ की तरह।

सफ़ेद आँगन पर से, राहगीरों के पास से
हम निकलते हैं आगे पूरी अकड़ के साथ।
ओ मेरे प्रिय, इसी तरह खेलते रहो सदा
इसी तरह के ध्यानमग्न शिशु मुखड़े के साथ!

उसके श्रम की स्वीकार करना अधीनता,
ओ मेरे कर्म, मेरे प्रिय कर्म,
उसे भेंट करना उस बच्चे का सौभाग्य
जो बनाता रहता है चित्र घर और चिमनी के।

इतना अधिक समय

मुझे इतना अधिक समय देने की क्या ज़रूरत !
प्रश्नों की ऐसी बौछार न किया करो मुझ पर ।
अपनी भली और विश्वसनीय आँखों से
प्रहार न किया करो मेरे हाथों पर ।

मेरे पद्चिन्हों पर इन जोहड़ों पर से
बहार में तुम आना नहीं ।
मालूम है मुझे—इस बार भी
इस मुलाक़ात में से कुछ निकलेगा नहीं ।

तुम्हें लगता है मैं बहुत घमण्डी हो गई हूँ
और मित्रता नहीं चाहती मैं अब तुम्हारे साथ ?
नहीं, अभिमानवश नहीं, बिलकुल नहीं
बल्कि दुखों के कारण मैं अपना सिर उठाए रखती हूँ ऊपर ।

हुआ यह

हुआ यह कि जन्म से सत्ताईस वर्ष बाद
प्राप्त हुआ मुझे सौभाग्य रहने का
सुंदर और विस्तृत उद्यान से घिरे
घर और परिवार की सीमाओं के भीतर।

मैंने कल्पना की उस सच्चाई की
जिसके साथ न्यायप्रिय प्रकृति
देखती है मुरझाना उद्यान का
और निर्धारित करती है नियति क्यारियों की।

मुझे अच्छा लगता था भूल जाना दुःख और क्रोध,
अच्छा लगता था अनभिज्ञ बने रहना विचारों और शब्दों के प्रति
और पेड़ों की शिशु अबोधता में
सहते रहना परायी प्रतिभा की सब चिंताएँ।

मैं स्वस्थ हुई तुरंत घास की तरह,
हृदय से निर्मल हर वनस्पति की तरह,
पेड़ की तुलना में अधिक बुद्धिमान नहीं,
न ही जन्म से पहले की तुलना में अधिक जीवंत।

रातों में मुस्करा देती थी छत की तरफ़
इस रिक्तता में जहाँ परिचित और प्रिय तरीक़े से
अंधकार में चमक रहा होता है जाना-पहचाना ईश्वर
मुस्कुराना और स्वागत करना—यही होता है उसका लक्ष्य।

निश्चित था प्राप्त होना सुख-समृद्धि का,
इतना समीप था ईश्वर का विपुल स्नेह,
चूमना आसान हो इसलिए बालों की लट
सरका दी एक तरफ़ और सो ली गहरी नींद ।

लगा बहुत दिनों के लिए जैसे सदियों के लिए
धँस गई हूँ ज़मीन के भीतर गहराई में ।
किसी को ज्ञात नहीं था—कितनी भयानक यंत्रणा
खड़ी थी बाहर मेरे एकांत के द्वार पर !

बस एक मोमबत्ती

अधिक नहीं, बस हो एक बत्ती
साधारण-सी मोमबत्ती...
शताब्दियों की यह पुरातनता
जीवंत और ताज़ा हो उठती है स्मृतिपटल पर।

जल्दी लगी रहती है तुम्हारी क़लम को
सारगर्भित और विवेकपूर्ण
पर साथ ही अपठनीय उस लिखावट के पास जाने की
मन को भर देती है जो सब अच्छाइयों से।

तुम सोचती हो अपने मित्रों के विषय में
पहले से कहीं अधिक, पुराने तरीक़े से।
पिघलती मोम और रिसते पानी की तरह
आँखों में तुम भरने लगती हो कोमलता।

प्यार से देखते हैं पुश्किन,
बीत गई है रात, बुझ जायेंगी बत्तियाँ,
आत्मीय भाषा का यह मृदु आस्वाद
होठों को प्रदान करता है निर्मल शीतलता।

गूँगापन

किसमें थी इतनी शक्ति और इतना विवेक ?
कौन छीन ले गया मेरे गले की आवाज़ ?
रो नहीं पाते उसके लिए
मेरे गले के स्याह ज़ख़्म ।

ओ मार्च, सम्मानोचित है तुम्हारी प्रशंसा, तुम्हारा प्रेम,
सरल, सहज है तुम्हारी हर कृति ।
पर तोड़ चुकी है दम मेरे शब्दों की बुलबुल
अब शब्दकोश ही एकमात्र उद्यान है ।

बर्फ़, पहाड़ और झाड़ियाँ
चाहती हैं कि मैं गाती रहूँ उन्हें ।
कोशिश करती हूँ कुछ बोलने की
पर होठों पर फैल जाता है गूँगापन ।

गूँगे मन का हर क्षण
होता है अधिक प्रेरणाप्रद,
उन्हें चाहते हैं सहेजकर रखना
जब तक संभव हो मेरे शब्द ।

घोंट डालूँगी गला, मर जाऊँगी, कहूँगी झूठ
कि अब किसी के नहीं रहेंगे मुझ पर अहसान,
पर बर्फ़ से झुके पेड़ों के सौन्दर्य का तो
हो नहीं पाया मुझसे बखान अभी तक ।

बस, कैसे भी राहत मिले
तनी हुई मेरी इन नसों को
सबकुछ रट डालूँगी मैं
जिसे गाने का आग्रह किया जायेगा मुझसे ।

इसलिए कि गूँगी थी मैं
और पसंद थे मुझे शब्दों के नाम
और अचानक थक गई, मर गई मैं,
अब तुम स्वयं गाते रहोगे मुझे ।

टोमस ट्रांस्ट्रोमर

अंग्रेज़ी से अनुवाद

रमेशचन्द्र शाह

अधूरा स्वर्ग

टल जाता है कैसा भी अवसाद।
ढीला कर देती है पीड़ा पाश कभी भी अपना।
रुक जाता है गिद्ध अचानक उड़ते-उड़ते।

फूट निकलता है अधीर आलोक
भूतों को भी लग आती है प्यास।

चित्र हमारे आ ही जाते बाहर
बरसों तलघर में रहने के बाद।

हर कोई कौतुक से चारों ओर निरखता
दल के दल हम ख़ूब टहलते खुली धूप में।

हममें से हर एक अधखुला दरवाज़ा है
खुलता उस कमरे में जो हर एक के लिए।

पाँव-तले कुछ नहीं भूमि का ओर-छोर है।

जल दिपता है जहाँ कहीं पेड़ों का झुरमुट।

झील एक खिड़की है जो खुलती पृथ्वी में।

काँचघर

एक काले दिन के बाद बजाता हूँ मैं हेडन का संगीत
और महसूस करता हूँ थोड़ी गर्मी हथेलियों में।

उत्सुक हैं परदे पियानो के, गिरती हैं कोमल हथौड़ियाँ
स्वर है ओजस्वी, स्निग्ध, आपूरित मौन से।

स्वर में पुकार है स्वतंत्रता की—"मैं हूँ"
कोई है जो करदाता नहीं है सम्राट् का।

झोंकता हूँ हाथ अपने संगीत की जेबों में
अब मैं हूँ पूरी तरह शान्त और निरुद्विग्न।

गीत की ध्वजा है यह ऊपर उठी हुई : पढ़ लो संकेत यह :
"हम नहीं करते हैं आत्म-समर्पण। हम चाहते हैं शान्ति।"

काँच का है घर संगीत, खड़ा है ढलान पर
उड़ रही हैं चट्टानें, लुढ़क रही हैं चट्टानें।

चट्टानें लुढ़कती हुई आर-पार हो जातीं घर के
घर का हर शीशा मगर अभी तक साबुत है।

जाड़े की एक रात

अन्धड़ रख देता है अपने ओंठ हमारे घर पर
और मारता फूँक ज़ोर से सुर निकालने।
सोते में बेचैन करवटें बदल रहा मैं
मुँदी आँख, पढ़ता अन्धड़ का पाठ।

बच्चे की आँखें हैं लेकिन घुप्प अँधेरे में विस्फारित
बच्चे को लगता, पुकार है यह अन्धड़ की।
दोनों को है शौक़ झूलती रोशनियों का
दोनों की ज़ुबान अब भी अटपटी, तोतली।

बचकाने हैं पंख और बाँहें अन्धड़ की
तेज़ी से कारवाँ उड़ रहा मैदानों को
घर करता महसूस कील-कब्ज़ों का अपना तारामण्डल
थामे अब तक है जो उसकी दीवारों को।

रात यहाँ चुपचाप पड़ी है घर में
जहाँ पुरानी सभी आहटें, भूली-बिसरी
निश्चल पड़ी हुई हैं जैसे किसी झील में डूबे पत्ते
बेक़ाबू है रात वही पर बाहर।

इससे भी गहरा अन्धड़ है नाच रहा पृथ्वी पर
उसका मुख है जुड़ा हमारी आत्मा से ही
फूँक रहा वह सुर निकालने। हम डरते हैं
जड़ से उखड़ न जायँ कहीं हम, सुर मिट जाए सदा-सदा को।

पूर्वराग

जगना है कूदना स्वप्न से छतरी के बल
भँवरजाल की घुटन चीरकर निकला गोताख़ोर
धँसता जाता हरे भोर के मानचित्र की ओर।

चीज़ें बड़ी-बड़ी-सी लगतीं। देख रहा वह ऊँचाई से अबाबील की
वृक्ष-जड़ों की घनी गुंजलक
और झाड़-फ़ानूस छिपे धरती के भीतर। ऊपर लेकिन
हरियाली है—हरियाली की बाढ़
उठाए बाँहें अपनी, कान लगाए
सुनती अपना ही अदृश्य हृत्कंप। और वह
उतर रहा ग्रीष्म की ओर, जा पैठा अब वह
उसके ही प्रज्ज्वलित विवर में, भीतर-भीतर
सीले हरे युगों के अन्तराल से होकर
सौर-चक्र के तले प्रकम्पित। अकस्मात् तब थम जाता है
क्षण के भीतर का प्रपात, विस्तृत हो जाते पंख
लुढ़कता-सा लगता वह पानी की लहरों पर।
और कांस्य-युग की तुरही-सा
एक बहिष्कृत धीमा-सा स्वर
निश्चल वहाँ टँगा रह जाता महाशून्य में।

सुबह-सुबह अपना लेती चेतना जगत् को
जैसे धूप-तपा पत्थर हो भरा हुआ मुट्ठी में
खड़ा पेड़ के नीचे गोताख़ोर गगन का।
भँवरजाल को चीर मृत्यु के आर-पार भी
क्या प्रकाश का छत्र तनेगा उसके ऊपर ?

इतिहास के बारे में

[1]
मार्च का एक दिन, जा निकला हूँ समुद्र तक और सुनता हूँ।
बर्फ़ इतनी नीली है, जितना कि आसमान। तड़क रही है वह धूप में।
धूप, जो बर्फ़ की पर्त के नीचे भी फुसफुसा रही है एक माइक पर

खुदबुदाती, बड़बड़ाती। और लगता है दूर कहीं कोई एक चादर
झटक रहा है।
यह सब इतिहासनुमा : अभी, बिलकुल अभी। हम निमग्न हैं, हम सुनते हैं।

[2]
सम्मेलन, उड़ते द्वीपों-से, जो कभी भी ढह सकते हैं…
तब फिर : एक लम्बा कँपकँपाता पुल समझौतों का
गुज़रेगा जिस पर समूचा यातायात : नक्षत्रों की छाँव में।
अजन्मे सुस्त चेहरों की छाँव में, बहिष्कृत जो
सूने अन्तरिक्ष में, अनाम हिमकणों की तरह।

[3]
ग्योएटे घूम आया अफ़्रीका सन् छब्बीस में—ज़ीद के चोले में
और देख आया सबकुछ।
कुछ चेहरे ज्यादा साफ़ हो आते हैं मरणोपरान्त
देखी गई चीज़ों के कारण
जब बाँचे गए दैनिक समाचार अल्जीरिया के
प्रगट हुआ बड़ा-सा मकान एक, जहाँ सारी खिड़कियाँ
काली पुती हुई थीं
सिवा सिर्फ़ एक के। और वहाँ दीखा हमें ड्रेफ़स का चेहरा।

[4]
विद्रोही, प्रतिगामी साथ-साथ रहते हैं जैसे एक दारुण दाम्पत्य में।
साँचों में एक दूसरे के गढ़े जाते हुए, एक दूसरे पर अवलम्बित।
हम, जो हैं उनकी सन्तान किंतु, होना ही होगा हमें उनसे अलग।
प्रत्येक प्रश्न की पुकार अलग भाषा है—ख़ास उसकी अपनी।
जासूसी कुत्ते की तरह वहाँ जाओ तुम, जहाँ भी सचाई ने छोड़े हों चरण-चिह्न

[5]
खुले मैदान में, इमारतों के पास ही
रद्दी अख़बार एक पड़ा है महीनों से, ठुँसा हुआ ख़बरों से
भींजता दिन-रात बारिश में, धूप में, बूढ़ा हो रहा है वह
पौधा या पातगोभी बनने की राह में
पृथ्वी से एकजान होने की राह में।
ठीक उसी तरह, जिस तरह कोई याददाश्त
रच-पच जाती है तुम्हारे स्वरूप में

शंख घोष

बंगला से अनुवाद

प्रयाग शुक्ल

चाबी

जाली दस्खत, जाली दस्खत
बना लिये हैं मेरे जाली दस्खत–
कहते-कहते गया पकड़ने चोर
पलटकर देखा क्या पर
वह तो मैं ही,
यह तो मैं ही
मैंने ही करके दु:साहस
बना लिये हैं अपने जाली दस्खत
अपने सर्वनाश की चाबी–जाली चाबी–
खुद मैंने ही गढ़ डाली है।

वृष्टि

दुख के दिन मेरे तथागत हैं
सुख के दिन मेरे भासमान
ऐसी वर्षा के दिन रह-रह रस्ते-रस्ते
दिन, ध्यान मृत्यु का अपनी, मन में आता है

जल भरे खेत सुख के फिर से
दुख-धान भरे फिर एक बार
ऐसी वर्षा के दिन लगता—है नहीं जन्म का मेरे
कोई अन्त कहीं।

बुढ़ियों की मण्डली

जमी है बुढ़ियों की मण्डली
घेरकर आग को,
घिरा है अँधेरा जल चौतरफ़ा
मथता पाताल भी

इर्द-गिर्द धुँधले जहाज़ के
तैरते शराबी
किसी को प्रकाश लगता,
किसी को अँधेरा।

रात की कुण्डली
कँपाता कुहासा
बुढ़ियों की मण्डली
तापती अतीत को!
बुढ़ियों की मण्डली
बुढ़ियों की मण्डली।

शून्य के भीतर ज्वार

कभी नहीं कहा कुछ ?
कहना क्या हो नहीं गया सबकुछ का ?

सामने तुम्हारे यों आना निःशब्द
यह भी तो कहना है एक !

नीरव निःशब्द इस देह से
और बड़ी भाषा है भला कौन ?

देहहीन स्थिति में जागकर देह यह
पोंछ ही देती चराचर सब
बड़ी नहीं है इससे कोई यवनिका और ।

चिता की रुपहली राख, झरा हुआ फूल
और जाती हुई अन्तिम ट्राम–
आश्रय की चाह इन सभी को है !

कहा नहीं पहले यह ? तब कैसे ताकती रही
इतने दिन, जल के किनारे यह झुकी जवा ?

जानते हो शून्यता बस ! भीतर इस शून्यता के
हैं कितने ज्वार !
पता नहीं है क्या यह ?

हुई थी उस दिन वृष्टि

हुई थी अनन्त वृष्टि उस दिन, रास्ते-बीच
रात थी—मध्य रात, गया था घर टूट
पेड़ों से लिपटी हवाएँ थीं, रुपहली थी जल-प्रभा
पत्तों पर सुपारी के।

और था अन्धकार—हृदयरहित अन्धकार
नौका थी धँसी हुई, माटी में, जमा था जल
उसकी छाती पर।
पेड़ों की भीगी हुई छाल के भीतर की
रिक्ति थी स्तब्ध?

धरती आकाश ने बाँधा था झाड़ी का पुल
तना था वायवीय जाल जीवन और मृत्यु बीच!
काँपते उतरे थे अतीत, अवसाद औ' अभाव
पत्थर ही रहे मुँह मेरा सफ़ेद, अच्छा है—

कहा था पत्थर की प्रतिमा ने।
वृष्टि थी कि फिर भी थी चारों ओर लगातार
वृष्टि नहीं, चाही थीं लेनी पोंछ
बूँदें वे, शेफाली, टगर, गंधराज फूलों ने,
चाहा था लेना पोंछ जीवन का शेष अपमान सब
धर रहित देह के, तत्पर उड़ चलने के म्लान
उस, इशारे पर!

हुई थी वृष्टि छाती पर, उस दिन
अनन्त—थी मध्य रात।

समय

तुम सब आये हो, इसीलिए कहता हूँ, तुम सबसे,
अभी हुआ नहीं समय।

एक बार इसका मुँह, एक बार उसका मुँह ताकना—
अच्छा नहीं लगता यह प्रहसन मुझे।
जहाँ होगी मेरी कब्र, वहाँ आज जल देना गया भूल,
जो श्यामुख* गये थे तुम रख,
उनमें नहीं थी शंख-ध्वनि कोई।

तुम सब आये हो, तुम सबसे कहता हूँ
तना हुआ है समयविहीन जाल स्तब्ध—
ग्रह से ग्रह तक।

चाहिए मुझे निजता कुछ और अनदेखे समय की।

---

* छोटा शंख

भीड़

'उतरना है ? उतर पड़िए हुज़ूर,
उतारकर चर्बी कुछ अपनी यह ।'

'आँखें नहीं हैं ? अन्धे हो क्या ?'
'अरे तिरछे हो जाओ, ज़रा छोटे और ।'

भीड़ में घिरा हुआ,
कितना और छोटा बनूँ मैं,
ईश्वर !

रहूँ नहीं अपने जितना भी–
कहीं भी,
खुले में, बाज़ार में, एकान्त में ?

चाङ् ह्यान जाङ्

अंग्रेज़ी से अनुवाद

रमेशचन्द्र शाह

पेड़ का सपना

पत्तों पर छलछलाती धूप का
करते हुए आचमन
रचता है पेड़ अपनी ऊर्जा का स्वप्न

वर्षा की झड़ी से सटाए अपने गाल
रचता है पेड़ अपने लहू का
मुखर स्वप्न

रोम-रोम आलोड़ित
प्रतापी युवा पवन से
सुनता है पेड़ अपने
प्राणों का आवाहन

क्या तुम तारे हो ?—कवि के लिए

तारों को भाते हैं आसमान के तारे
रेत को पसन्द है समन्दर की रेती
जो चमकता है, चमकता है।
जो अकेला है, अकेला है।

जब तक तुम गा नहीं उठते, कि मैं हूँ
वह, जो चमकता है
चमकनेवाली चीज़ों के चमकने में
तब तक प्रतीक्षा करो।

जब तक तुम्हारी देह रात नहीं बन जाती
मरुस्थल पर घिरी घनी रात और रेत
और रेत को उड़ा ले जानेवाली हवा।

तब तक करो लीला, अभ्यास, और प्यार करो
अपने आभासों को, जब तक तुम्हारा झूठ
छूट नहीं जाता अपने आप झूठ होने से।

कविता, ख़ाली कविता

किसका कर सकते हो उत्सव तुम कविता से ?
किसका तुम शोक मना सकते हो कविता से ?
क्या पा सकते हो तुम और क्या खो सकते हो ?
क्या बना सकते हो और क्या बिगाड़ सकते तुम ?
भेंट नहीं सकते यदि मृत्यु को तुम मृत्यु से
लाड़ नहीं कर सकते जीवन का जीवन से
शोक नहीं कर सकते यदि तुम शोक से
प्यार नहीं कर सकते कविता को कविता से
किसे भला प्यार तब करोगे तुम कविता से ?

कोई नहीं देखता है बर्फ़ को, जो गिरती रात में
कोई नहीं चलता है उस पर : पगचापहीन
वह है वहाँ : नीरव, स्वच्छ
सुन्दर अपने आप में

अंकुरित उल्लास

उतर रहा है सूर्य प्रकाश की लहरों में
उमड़ता छलछलाता अपने ही तेज में मग्न
बनता किरीट सारी घासों और फूलों का
करता अभिनन्दन हरी घासों और फूलों का
मुकुट जो उसके उल्लास के;
हँसता वह वत्सल असीसता समूचे अन्तरिक्ष को
वह जो है पिता सारे रूपकों का
वह जो है स्रोत सारी पृथ्वी की हरियाली का

और यह समूचा अन्तरिक्ष : आनन्द है
और यह समूचा ब्रह्माण्ड एक मन्दिर है ।

ओ सूर्य ! ओ नील व्योम !
हरित आह्लाद लता-गुल्मों के
आप्यायित वायु से, प्रकाश से
आरोही जीवन-रस से

ओ वृक्ष ! वायुमण्डल में उठते जल !

खोलती है पृथ्वी अपनी सुगन्धित आँखें अँधेरे में
प्रसारित करती संकेत··· और मुस्कुराती ।

ओ गन्ध,
ओ मुस्कुराती पृथ्वी की पुण्य गंध
मेरी नासिका की नलिकाओं से झरते व्योम ।
ओ वसन्त के वृक्षों की गन्ध !

भिखारी और पगला

(हान शान के प्रति)

जानता हूँ मैं भी उस सत्य की गहराई, जो
तुममें साकार है;
किन्तु मेरी दृष्टि मुड़ जाती है दूसरी तरफ़
क्योंकि तुम, जो बाहर और भीतर एक हो—तुम्हारी अपेक्षा
यह मैं, जो कि भीतर और बाहर, अलग-अलग हूँ,
ख़ुद को ज़्यादा प्यार करता हूँ।
किन्तु तुम और मैं एक थे सूक्ष्म देह के रूपक में
और तुम्हारे होने के निगूढ़ अभिप्राय को
स्पष्ट करने के उन्माद में
दुनिया को एक शराबी के पैमाने से देखते हुए
और अपने नशे की हालत में 'सम्बोधि' प्राप्त करते हुए
अब मैं तुम्हें अलग-अलग नहीं कर सकता; नहीं कह सकता
इनमें कौन भिखारी है, कौन पगला।
(भिखमंगापन या पागलपन, हान शान अथवा फ्रांसिस्को
अथवा इन पुरुषों की कोई फ़ालतू परछाईं,
यही तो हैं वे रन्ध्र, जिनसे
धरती साँस लेती है।)

प्रेम, जो घुमा रहा है सूर्य और चन्द्र को

अपनी आँखों से, और अपनी आँख़ों में
एक लड़की देखती है मुझे
मैं जो फड़फड़ा रहा हूँ एक मनुष्य और एक दृश्य के बीच।

मनुष्य होकर, एक आवाज़ निकालता हूँ मैं
भागते हुए घोड़े के समान।

दृश्य की हैसियत से मैं
और किसी जैसा नहीं, सिवा एक खड़े पेड़ के।

प्यार, जो घुमा रहा है सूरज और चन्द्रमा को अपनी-अपनी धुरियों पर
घुमाता है मेरी आँखों को भी।

यही कारण है कि
एक आदमी देखता है एक लड़की को
अपनी आँखों से और अपनी आँखों में।

एक दुःखद इतिहास : एक रूपरेखा

बहुत दिनों की बात है बच्चो, जाल और फन्दा रहते थे एक शहर में
जाल फँसाने की कोशिश में था फन्दे को
और फिर रहा था फन्दा भी जाल डालने उसी जाल पर।

तब केवल पत्थर जीते थे
तब केवल लोहा जीता था
हम ? हाँ, हम तो पत्थर थे पत्थर के भीतर
हम थे लोहा ठोस असल लोहे के भीतर

अरे, एक दिन जीत गया वह जाल, फँस गया फन्दा।
अरे, उसी दिन जाल आ फँसा फन्दे में फन्दे के।
और, तभी वे, जाल और फन्दा दोनों ही
एक साथ जा गिरे
एक गड्ढे में

रमाकान्त रथ

उड़िया से अनुवाद

प्रभात त्रिपाठी

राजेन्द्रप्रसाद मिश्र

पूर्णचन्द्र रथ

अपनी मौत के दिन मैं क्या पहनूँगा ?

अपनी मौत के दिन मैं क्या पहनूँगा ?
शायद नेकर पहनूँ, लोग तब
विश्वास कर लेंगे, अंतिम साँस तक हर दृष्टि से मैं एक खिलाड़ी था
बेपरवाह, चुस्त, डर या पछतावे से मुक्त।
और मेरा जीवन, जैसे कि था, मध्यान्तर में मेरा सुस्ताना
किसी खेल के समय का जिसे कि मैं खेल रहा था।

बजाए इसके मैं धोती न पहनूँ ?
लोग विश्वास कर लेंगे, अंतिम साँस तक कि मैं एक
ऐसा आदमी था, जिसकी ज़िंदगी लम्बी, सुख से गुज़री
मौत इतवार की तरह आयी, बाहर गलियों में
लाउडस्पीकरों से सिनेमा के गीत गूँज रहे थे
और भीतर कमरे में
हम धुआँ फूँक रहे थे, चाय पी रहे थे, और पत्ता-गोभी और राजाओं की बातें कर रहे थे।

सूट क्यों न पहनूँ ?
तब मैं टाल सकूँगा
अत्यंत सुरुचिसम्पन्न, घटनाओं से प्रभावित न होनेवाले
किसी ऊँचे अफ़सर की तरह
मौत, दूसरे अन्य अंकित पत्र की तरह, जिस पर उचित ध्यान दिया गया
उत्तरदायित्व से बचने की कोशिश नहीं की
और न ही इस विषय में अनुचित तरीक़े से काम लिया।

फिर भी मैं जो कुछ पहनूँगा, एक और मौत होगी
मेरी मृत्यु के दिन
बच्चा जो कभी नहीं पहन पाया कमीज़ और जो दिन भर
विषैले कीड़ों के पीछे या सुदूर पूर्व में बेर के लिए भागता रहा
मेरी मौत के दिन वह भी मर जाएगा
वह तब तक नहीं मरेगा जब तक मैं ज़िंदा रहूँगा
किसी रात वह सूर्य की किरणों को चुरा
घाटी तक ले आएगा, मासूमियत के साथ,
वृक्ष की ऊँची डाल पर छुपकर
पंछियों के गीत गाएगा।

शरीर पर बग़ैर कमीज़ के वह मर जाएगा
वापस नहीं लौटेगा
उस रास्ते के लिए, बंद हो चुका है जो अलग समय में
फैला हुआ था श्मशान से बादलों तक

वार्धक्य

कितनी लाज लगती है
चारों खाने चित गिर जाने पर
एकदम नंगधड़ंग गिर जाने पर
कितनी लाज
मैंने जोड़ लिये दोनों घुटने
पैर उठाकर खींच लिये छाती तक
झुका लिया सिर जाँघ की तरफ़
और हथेलियों से ढाँप ली पेट के नीचे की जगह
कितनी लाज लगी जब उसने मेरी तरफ़ देखा
देह में कोई तकलीफ़ नहीं थी
उसका ढँपा तिरछा चेहरा
सारे घर में धीमे-धीमे चलना
उसकी स्निग्ध दृष्टि की चूड़ियों की खनक
बंद हुई
थम गये प्रशस्त वक्ष-वन के कलकल-निनादी झरने
बंद हुआ बाघों का गरजना;

लाल लाज नीली लाज उसकी आँखों के साबुन फेन में
धुल गयी सारी लाज, और अब लाज नहीं
सिर्फ़ सफ़ेद सारा कुछ धवल
सारे बीत गये, सारे आने वाले दिन
सारा याद आना, और सामने के सारे दिगंत
अपने से छूटकर चले जाने के लिए
खड़ी हो गयी रेलगाड़ी मेरे दुआर पर

सफ़ेद नहीं, ना सफ़ेद नहीं, सबकुछ काला सबकुछ धुँधला
मेरे डिब्बे में कितने सारे लोग सब के सब नग्न
कोई देखता तक नहीं किसी को सब ख़ामोश
कितनी दूर है मेरा घर ? कितनी दूर ?
रेलडब्बे के ऊपर ख़ाली आकाश-भर दिखता है
और दोनों तरफ़ भीगे वन
काले और हरे का मिलाप

भीगे धुमैले गाढ़े हरे जंगल में
खूब तेज़ उन्मत्त भागती है रेलगाड़ी
मुझे याद आया उसका चेहरा, कितना सुंदर
आँसू-भीगा उसका चेहरा झूलता है मेरे चेहरे के सामने
उसकी आँखों का दाहिना कोना, थोड़ा तिरछा शायद दुख में
शायद विरक्ति में, बादल नहीं है उसके आकाश में
सूर्य नहीं चाँद नहीं तारे नहीं, उसका एकाकी धुँधला
रोता हुआ चेहरा, अभी थोड़ी देर में
हमेशा के लिए छिप जायेगा
क्या भला उसने मुझे समझा
रेलगाड़ी हवाईजहाज़ मोटर बैलगाड़ी सायकिल कुछ भी नहीं
इस निष्प्रदीप रेल-स्टेशन पर, मैं किधर जाऊँगा ?
दूर, कितनी दूर, सिर्फ़ सरसों के पीले फूलवन
कहाँ से आया था, अब बिलकुल याद नहीं
इसलिए मुझे रोना आया और इसलिए मैं रो पड़ा

कितने ढेर पक्षी अँधेरे में जमा हो रहे थे
शायद सुबह के लिए, जो हाथ भर दूर थी

स्मृति

कितनी असह्य है वह यंत्रणा
ढलढलाती आँसू की दो बूँद मोती-सी
(गोकि थोड़ी फीकी, मुँह ढाँपे अँधेरे की परछाईं के कारण)
चमकीं, निहायत ज़रूरी कोई बात कहने की
आख़िरी कोशिश में काँपे ईषत् खुले ओंठ
उसके बाद पूरी अंधता

अब मैं बहुत दूर हूँ, इतनी दूर कि अगर
विकल होकर वह चीत्कार करे, तो भी
मैं उसे नहीं सुन पाऊँगा
यद्यपि कभी मैं उसके सारे वक्तव्यों का श्रोता था
और छोटे-बड़े खेलों का संगी

साबित सफ़ेद-सफ़ेद बादल
फटी आँख में न समाती रज़ाई की रुई-से
बिखरे हैं इधर-उधर, और एक तरह की दीवार
दो मृत्यु के बीच–एक सुनील निर्मम और दूर
और दूसरी अधसूखे पोखर के सड़े पत्ते-सी

पता नहीं किसने मुझसे कहा, आज पूर्णमासी है
झक्क चाँदनी में जब घर और बगीचा
धुल रहे होंगे, अभेद्य अंधकार आयेगा
बैठेगा तेलचिक्कट टैक्सी ड्राइवर के पास
और उसे बुलाती अधेड़ काली रंडी का

अनिवार्य निमंत्रण जनायेगा। दूर फूलों की गंध जिस
वक़्त बगीचे में टहलती होगी, एक पुनर्मिलन के
आँसुओं में भीगते-भीगते गुम जायेगा
दुर्विसह दुःख के साम्राज्य में

चाँदनी रात

जितने सारे मैदान सारी ज़मीन
बिछौने के सफ़ेद चादर-सी
जिसका आरंभ कहाँ है, और अंत भी कहाँ

बिलकुल मेरी देह-सी, आकाश भी लगभग तुम्हारी तरह
कभी-कभी लगता है मैं हूँ आकाश, प्रशस्त फिर भी सुनसान
और देखता हूँ पृथ्वी, जिस तरह
ठीक उसी तरह तुमने भी फैला दी हैं अपनी भुजाएँ
जहाँ भी उतर जाऊँ, वहीं तुम्हारा आलिंगन

दूर दीख पड़ता है धरती और आकाश के
मिल जाने का भ्रम
तुम्हीं भला उड़कर आ जातीं प्रवास से
ओ मेरी चिड़िया
मैं तो यहाँ से हट नहीं सकता
कि कहीं डूब न जाए चाँद
कि कहीं मेरे लौटने के समय
सूर्यालोक में रास्ता न दिखे

अनुवाद : प्रभात त्रिपाठी

श्री राधा

कहाँ जाऊँ ? हर जगह
मेरे खड़े होने का स्थान रेखांकित दिखता है
अँधेरे में छुपने का स्थान दिख जाता है
अँधेरे में छुपने की बात सोचते ही।

पेड़ के नीचे से गुज़रने पर
पत्तों की फुसफुसाहट सुनती हूँ...
उठकर कोई गया ही होता है कि
पुनः कोई आ पहुँचता है।

एक पक्षी मेरे सिर को लगभग छूता हुआ
पुनः ऊपर उड़ जाता है,
तालियों की गड़गड़ाहट से रात की
निर्जनता फटने लगती है

तारों से क्या कहूँ ?
मैं तो उनके उत्तर का
हर शब्द पहले से जानती हूँ,
चुप रहने पर भी छुटकारा कहाँ ?
सुनती रहूँगी सुनने की बातें
हवा से।

मेरा भाग्य मेरा अपना है
कुछ दिनों तक मैं यह सोचा करती थी।

भला मैं कैसे जानती कि उसे भी संसार
अपनी किसी सूची में जोड़ लेगा ?

मृत्यु के आतंक से भी भयावह आतंक में
मैं स्वयं कूद जाती हूँ, दौड़ जाती हूँ अपने अतीत में
जब लगता था कि तुम जन्मे हो
सिर्फ़ मुझे ढूँढने और मुझे पाने के लिए

अनुवाद : राजेन्द्र प्रसाद मिश्र

लम्बी कविता का अंश

कोफ़ी अवूनोर

अंग्रेज़ी से अनुवाद

जितेन्द्र कुमार

बाक़ी

तट पर जब हमारे आँसू सूख जायें
और मछुआरे जाल समेट घर चल दें
समुद्री चिड़ियाँ अपने द्वीप चली जायें
और रात होने पर बच्चों की हँसी दूर चली जाये
तब भी वह बंधन जो हमने पिरोया ढाला था
बाक़ी रहेगा
एकता की वह दावत जिसमें हमने भाग लिया था
सनातन द्वारपाल फिर भी अपनी जगह रहेगा
जो देर से आने वाले शोकाकुलों को वापस भेज
क़ब्रिस्तान का द्वार बन्द करता है

यह वो संगीत नहीं हो सकता
जो उस रात हमने सुना था
और जो आज भी स्मृति की कोठरियों में अटका है
यह तो हमारे बिसरे साथियों का समूह गान है
और हमारे दूसरे व्यक्तित्व की आदिम ललकार

रोगशैया पर

खिसकती मिट्टी के कड़ाहों में यह गोश्त पिघल जायेगा
और छिलके-सा उतर जायेगा
फिर उसका इस्तेमाल शवयात्रा के ढोलों की आवाज़
मद्धम करने के लिए किया जायेगा
प्रकाश धूसर है और आवाज़ धूमिल
भिनभिनाती मक्खियाँ आत्मान्वेषी सवाल पूछ रही हैं
जवाब की उम्मीद में :

झूठे और मक्कार
कौन कहता है कि विश्राम की जगह कहीं और है ?
वह यहीं है हमारे पास
यहीं ताबूत पर गिरती मिट्टी की ध्वनि में
प्रार्थियों के लिए की गई पुजारियों की प्रार्थनाओं में
कहीं उस पार नहीं, उस पार नहीं मेरे प्रभु ।

सब मेरे बन्धु

भाइयो क्या हम मंदिर और देवालयों की
बलिवेदियाँ निर्मित करें—
जहाँ हम ज़माने से अस्वीकृत अब अपनी भेंटें चढ़ायेंगे
इस शरीर पर जिस पर एक युग से परिचित
ख़ुशियों के घाव हैं
आओ हम रचें अपने प्रतिरूप में
एक और शरीर
जब हंटरों की मार दूर सुनाई पड़ती है
और फ़ौजी बूट दूर पत्थरों के पथ को रौंद रहे हैं
बन्धु देखो, एक और धराशायी हुआ
एक और इस बार एक अजनबी
उन लोगों में जो सब मेरे बन्धु हैं!

मेरे सपने

प्रीतिभोजों प्रताड़ित मुस्कानों के बाद
दुखदायी पाप-शुद्धि
फिर हम सो जाते हैं
एक बैंजनी स्वर्ग के रूप में देखते

मसख़रों की गोदियों में लेटी
नंगी कुमारियों की हँसी
दुर्गन्धभरी उल्टी
आकाश की धज्जियाँ उड़ाता
तेज़ कर्कश संगीत
बलियों की गंध
जब देव उच्छ्वसन ग्रहण कर
अपने भीतर रोटियों की बारह टोकरियाँ
जमा कर लेता है
वह अकेली फ़ौज, शहर की सड़कों पर खोई
दिन-ढले को अपने अंतिम गीत गाती है

देवता बीमार

जाओ उनसे जाकर कह दो कि मैंने नदी पार कर ली
जब डोंगियाँ ख़ाली थीं और मल्लाह चले गये थे
मेरे गीतों का देवता बीमार था

मैं पहुँचा तो ओझा बाहर गया हुआ था
उसकी झोंपड़ी के बाहर बैठ मैंने इन्तज़ार किया
मेरे गीतों का देवता कराहा
मैंने हिम्मत की और दरवाज़ा खटखटाया

उपचार के देवता ने मेरी भाषा में कहा :
''अपना पिछवाड़ा लिये अन्दर आ जाओ''
इसी से पिछवाड़ा किये मैं अन्दर घुसा
उस वक़्त मेरे गीतों का देवता सिर चढ़ा रो रहा था
मैंने उसे एक स्टूल पर धर दिया

घंटियाँ बजीं और तीन बार मेरा नाम पुकारा गया
उन अनेक आवाज़ों के बीच मेरा देवता फिर कराहा
उपचार देवता बोला, मैंने अपने देवता की अवहेलना की है
''इसे अपने पिता के देवता के पास ले जाओ''

पर इसके पहले कि मैं झोंपड़ी का द्वार खोलता
मेरा देवता अपने गीतों में फूट पड़ा
नये सशक्त गीत
जो आज तक मैं उसके साथ गा रहा हूँ

हेलमूट त्सेंकर

अंग्रेज़ी से अनुवाद

उदयन वाजपेयी

नोट

मैं अपने बगीचे की देखभाल करता हूँ
(मेरे पास नहीं है एक भी)
और
फूल चुनता हूँ
(जो मुझे दिये जाने थे)

मैं मधुमक्खी पालता हूँ
(अपने उसी बगीचे में)
और बेचता हूँ शहद
(काफ़ी पहले मर चुके लोगों को)

पंख

एक घर था यहाँ
तुम्हारा घर था यहाँ
हमारा घर था यहाँ
यह था हमारा शहर
यह था हमारा देश
उनकी आत्मा को शान्ति मिले

विधि क

कविताओं में
छिप जाता हूँ मैं
शब्दों की बाड़ के पीछे
क्योंकि मैं हूँ निर्वाक्

परिवर्तन

समूचा प्रोपेलर
स्टीमर का
बेकार है
पक्षी घोंसला बनाते हैं वहाँ
जहाँ कभी मरती थी मछली

शू तिङ्

अंग्रेज़ी से अनुवाद

मदन सोनी

दो मस्तूलों वाली नाव

कोहरे ने भिगो दिये हैं मेरे दोनों पंख
लेकिन हवा ठहरने नहीं देगी मुझे
ओ थल, थल जिसे मैं प्रेम करती हूँ
कल ही मैंने कहा था तुझे अलविदा
आज तुम फिर यहाँ हो
कल हम
फिर मिलेंगे किसी और अक्षांश पर

वह एक तूफ़ान था, एक चिराग़
जो थामे रहा हमें एक साथ
वह एक और तूफ़ान था, एक और चिराग़
जिसने हमें अलगा दिया पूरब और पश्चिम तक
यहाँ तक कि आकाश के कगार और सुदूर तट तक
निश्चय ही हर सुबह और शाम
तुम होगे मेरी राह पर
मैं, तुम्हारी निगाह में

क्रेग रेन

अंग्रेज़ी से अनुवाद

उदयन वाजपेयी

छोटे प्याज़

कई उघाड़े छोटे प्याज़ प्रस्तुत कर
रहे हैं एक शांत गान सितार पर

और मग्नोलिया करती है नृत्य गतिहीन
अनेकों हाथों वाले देवता की तरह, कनेर

फूलता है अपनी मुड़ी हुई उँगलियों की नोक पर
हम घास की निश्वास लेते हैं

और अपनी आँखों से सुनते हैं
ग्रीष्म के दीर्घ धीमे राग को

हवा को अपने कंपन से मोड़ते…
पत्थर खाए फूल ताकते हैं सूर्य

शिशु विचार करता है अपनी नाभि पर
होशियार इतना कि कहा न जाए,

गुरु एक सुगन्धित उद्यान का
मैं तुम्हारी गरदन में एक तबला देखता हूँ

प्रदर्शित करते अपनी जटिल ताल
और जानता हूँ कि देते हैं बिम्ब

हर तरह का आहार,
हर भिक्षुक इन्द्रिय को भिक्षा,

हरेक अवतार विनयशीलता का,
कूड़ादानी फूलती है मांसभरे समोसों की तरह

इन्का

कुज़रो, पेरू में केंद्रित इन्का साम्राज्य पंद्रहवीं शती में अपने वैभव की ऊँचाई पर था एक्वाडोर से उत्तरी चिली तक फैला हुआ। पहिए और लेखन विधि के अभाव में भी वह सभ्यता के ऊँचे शिखर तक पहुँची।

इन्का अब यहाँ सिर्फ़ यह है,
चूँकि अतीत बीत गया
भविष्य एक गल्प है :
दीवारों से घिरा है एक उद्यान
जहाँ खड़ा हूँ मैं एक दूसरी ही ज़िन्दगी में

झींगुर की तरह सधी
छत की कुर्सी चमकती है
बोझिल चाँदनी में
मकानों से आते प्रकाश से फीकी होती
परछाईं को दर्ज़ करती है धूप कड़ी

और हंस दिखाते हैं हमको
अपनी टपटपाती चोंचें
लेकिन तुम्हारे होंठ हैं खुले हुए
चूमने या बोलने
मैं कह नहीं सकता, इन्का

अब यहाँ सिर्फ़ यह है :
फक्कड़ है घास पर पानी छिड़कनेवाला
एक शीशम का मेट्रोनोम
जिसकी खो गयी चाबी
और नहीं मिलेगी कभी—

इन्का, हम देखेंगे कबूतरों को
अचानक मुड़कर
श्यामल से श्वेत की ओर जाते
सोने के उस कमरे के
वेनिसी परदे की तरह
वहाँ जहाँ बच्चा सोता है, इन्का
मैं खोया हूँ विचारों में
लिखने की कोशिश में
पानी का पीपा करता है बाज़ीगरी
बारिश की बूँदों से, इन्का

तुम्हारी आँखें भर जाती हैं
आँसुओं से जब तुम पढ़ती हो कोरा कागज़
वह तुमसे क्या कह सकता है
अब यहाँ सिर्फ़ यह है :
एक दीर्घ अनलिखी कविता

जो लगभग उत्सव मनाती है
बेटी की चुकन्दर-सी एड़ियों
और पत्तों द्वारा छोड़े धब्बों जैसे
फीके, अनिंद्य कंचुकों का
इन्का, कैसे तिरती है उसकी रात की पोशाक

लो वह आ गयी, एक गंभीर चेहरा,
उद्यान के हर कोने से,
लिये अंजुरी में एक रहस्य
जिसे वह चाहती है मैं देखूँ
मानो उसने किसी तरह

आविष्कृत कर लिया हो पहिया, इन्का

नेन्सी मोरेजॉन

अंग्रेज़ी से अनुवाद

गगन गिल

एक मोहभंग : रूबेन दारियो* के लिए

अगर यहाँ से कभी मोर गुज़रा
तो मैं यूँ बहाना करूँगी जैसे मैं देख रही हूँ उसके पंख,
उसकी टाँगें, उसके फटे जाते पंजे,
उसका बेवजह इतराना,
उसकी लंबी गर्दन

सच यह है कि एक मोर है
जो अभी गुज़र नहीं रहा
आधुनिकतावाद का मोर
जिसने डरा दिया था एक सधे बालोंवाले कवि को
बदरंग हो गया उसका सूट समुद्र के खारे पानी से

सच यह है कि एक मोर और भी है
तुम्हारा नहीं
जिसे मैं अपने ख़यालों के घर के आँगन में चीरती हूँ
मरोड़ती हूँ उसकी गर्दन, लगभग शोक में
और वह इतनी नीली मालूम होती है, इतनी नीली
जैसे आकाश की नीलाहट हो।

---

* निकारागुआ के कवि रूबेन दारियो (1868-1916) लातिनी अमेरिका के आधुनिकतावाद के पिता माने जाते है।

अप्रैल*

आकाश के नीचे उड़ती वे पत्तियाँ
भाषा हैं हमारे देश की

ये पक्षी जो अपनी साँसों से
खींचते हैं भीतर
तूफ़ान की शत्रुतापूर्ण उदासीनता

जानते हैं कि अप्रैल मुक्त करता है
तमाम ज़्यादतियों से

ओ मेरी जन्मभूमि
मैं देखती हूँ तुम्हें दृढ़ खड़े हुए, समुद्र के किनारे,
यह मिट्टी जिस पर मैं चलती हूँ
होगी एक दिन एक सुंदर आम बाग़
और यदि हम मर गए
तो एक बार फिर
हमारी अस्थियाँ उठ खड़ी होंगी इस रेत में से।

यहाँ रहती हैं हमारी आत्माएँ
इस अप्रत्याशित महीने, अप्रैल में
जहाँ द्वीप सोता है
किसी पंख की तरह।

---

* अप्रैल का महीना आधुनिक क्यूबाई स्मृति में विशेष महत्व रखता है। नवनिर्मित कम्युनिस्ट क्यूबा की 'बे ऑफ़ पिग्स' (सूअरों की खाड़ी) पर अमेरिका ने अप्रैल, 1961 में हमला किया था।

डॉन पाब्लो को अलविदा कहते हुए

निःशब्द और उदास
उस भ्रामक चोटी के बिना
मरहम-लगी ख़ामोशी में
तुम देखते हो
मृत्यु को आते हुए

तुम्हारा शांत मुख,
जैसे मैदान में क्षण भर को रुक जाए
एक बड़ा पक्षी
कहता है :
मृत्यु सबसे बड़ा दुर्भाग्य है
क्योंकि यह बाक़ी सब दुर्भाग्यों को मिटा देती है।

एक लड़के के लिए

समुद्र के झाग और लहर के बीच
उसकी पीठ उठी
जब ढल रहा था
दोपहर का एकांत।

मैंने उसकी काली आँखें छुईं, जैसे घास हो
प्रशांत के भूरे शंखों के बीच।

मैंने उसके होंठ छुए
जैसे नमक उबल रहा हो रेत के बीच

अंत में मैंने छुआ उसका
सुगंधित चिबुक
सूर्य के नीचे

दुनिया में से आया एक लड़का मेरे ऊपर
बाइबिल के गीतों ने
जैसे ढाली थीं उसकी टाँगें, उसके टख़ने,
उसके लिंग के अंगूर।
प्रार्थनागीत निकले उसके होंठों में से
जकड़ दिया जिन्होंने हमें दो समुद्री यात्रियों की तरह
प्रेम के अनिश्चित थपेड़े खाने को।

उसकी बाँहों में जीवित हुई मैं
उसकी सख़्त बाँहों में
मर जाना चाहा था मैंने
एक भीगी चिड़िया की तरह

मैं प्रेम करती हूँ अपने मालिक से

मैं प्रेम करती हूँ अपने मालिक से
मैं इकट्ठा करती हूँ झाड़ीदार लकड़ियाँ
उसकी रोज़ की आँच जलाने के लिए
मुझे प्रेम है उसकी नीली आँखों से
जो भेड़ की तरह कोमल हैं !
मैं उसके कानों में डालती हूँ शहद की बूँदें ।
मुझे प्रेम है उसके हाथों से
जिन्होंने गिरा दिया था मुझे घास के बिस्तर पर !
मेरा मालिक काटता है मुझे, देता है यातना !
सुनाता है मुझे गुप्त कहानियाँ
जब मैं पंखा करती हूँ उसकी देह को
घावों से भरी, गोलियों से छलनी
बीते समय के युद्धों से ।
मुझे प्रेम है उसके लुटेरे पैरों से
जिन्होंने पार किए हैं कई विदेशी मुल्क
मैं मलती हूँ उन पर मुलायम से मुलायम पाउडर
जो एक सुबह मैंने ढूँढे थे
लौटते हुए तंबाकू के खेतों से ।
उसने छेड़ी अपनी गिटार
और गूँज उठीं कई सोज़भरी धुनें
जैसे मैनरिक गा उठा हो ।
मुझे प्रेम है उसके सुंदर लाल मुख से
जिसमें से निकलते हैं ऐसे शब्द
जो मेरी समझ से बाहर हैं
कि मैं बोलती हूँ उससे अभी तक

उस भाषा में जो उसकी नहीं है।

और समय का रेशम चिथड़ा-चिथड़ा है
उस रोज़ चोरी से सुनते हुए
बूढ़े हब्शी अधिकर्मियों की बातें
मैंने जाना
कि कैसे उसने कोड़े बरसाये थे
चीनी-मिल के हौज़ख़ाने में
कि जैसे वह जगह ईश्वर का बनाया नरक हो!
कितनी देर बड़-बड़ करते रहे थे वे लोग।

क्या कहने वाला है वह मुझसे?
क्यों रहती हूँ मैं इस खोह में, जिसमें
रहना पसंद न करे एक चिड़िया भी?
क्यों रहती हूँ हर वक़्त उसकी ताबेदारी में?
कहाँ जाता है वह अपनी सजावटी गाड़ी में
खींचते हैं जिसे मुझसे खुशनसीब घोड़े?
उसके लिए मेरा प्रेम
जैसे कोई जंगली बाड़ खा जाए गुलामों के खेतों को—
यही इकलौती चीज़ है जिसे मैं अपना कह सकती हूँ!

मैं गाली देती हूँ।

यह सूती कपड़ा जो उसने मेरे कंधों पर ओढ़ा रखा है।
ये बेकार की झालरें जो उसने ज़बरदस्ती मुझे पहनायी हैं।
घरेलू कामों में घिरी मेरी दोपहरें
जहाँ नहीं उगता कोई सूरजमुखी
और यह भाषा, इतनी दुश्मन-सी कि मुझसे थूकी भी नहीं जाती,
और यह पत्थर-जैसे स्तन जिन्हें वह चूस नहीं सकता,
और यह पेट जिस पर पड़ते हैं उसके कोड़े,
और यह मुआ दिल।

मैं प्रेम करती हूँ अपने मालिक से
लेकिन हर रात जब मैं गुज़रती हूँ
गन्ने के खेतों में से

हमारे प्रेम की गुप्त जगह पर
मैं देखती हूँ अपने हाथ में एक चाकू
उस पर चलता हुआ
जैसे वह कोई बेगुनाह जानवर हो।
जादूमयी ढोल की थापें
डुबो देती हैं उसकी चीख़ें, उसके कष्ट
बजती हैं दूर चीनी मिल की घंटियाँ...

जूडिथ रोड्रीगेज़

अंग्रेज़ी से अनुवाद

अशोक वाजपेयी

अनुष्ठान

उस बरसाती में जहाँ हमने एक दूसरे को विवस्त्र किया
पहली थी हंस की खोज
प्रकाश का वह वस्त्र जिसमें दिगम्बर होना था—
एक समय आया जब अनुचित लगा।
मैंने तुम्हें स्पर्शपुरुष में ढाँपा
और यह नहीं कह सकी कि तुमने मेरे लिए वस्त्र नहीं खोजे।
तुमने मेरी स्त्री फिर से धारण कर ली
अब देखो, मैं चमकती हूँ,
तुम्हारी दृष्टि के चौंधियानेवाले मुखौटे के सामने
मैं अंधी हूँ।
मैं बावड़ी की सीढ़ियाँ अन्धी उतरती हूँ
जैसा मुझसे पहले हर ज्योतिषी कर चुका है।

विदा

उसे घर कहो।
स्त्री के किसी हिस्से ने
उसके अँधेरे गलियारे का सुराग़ पा ही लिया
बच्चों की हड्डियों में।

फिर भी यह मैं हूँ जो जा रही हूँ
अपने में घुमड़ती हुई
उसकी रतघुमक्कड़ी की दूधिया रोशनियों
और लहू का एक मुलायम थत्ता
जहाँ मैं रख नहीं पायी अपना कचरा–

वह पुताई
करवा लेगा

पर मैं छोड़ जाऊँ
क़ब्र
वही क़ब्र।

पानी किनारे घर

थोड़ी परछाइयाँ
बादल की तरह हलका और काला
पानी किनारे का घर
एक शांत पक्षी-सा
सुनता है

जब तक लोग
अपने बच्चों को
कच्चे रास्ते के पास से
गाड़ी में लिये आते हैं
सब बैठे हुए
कोक कनस्तरों के कोठाल पर
पीले जलपंखों में कर्कश।

पड़ोस

रोशन कमरों
और गली के शुरू के अँधेरे के बीच
सुलह की यह हवा :
रात की आवाज़ों को समोते हुए
झिलमिली परदे
एक असावधान धुन
पड़ोसियों के टी वी
रास्ते के पार
टिमटिमाते हुए
कुत्ते का भौंकना
पुष्टि करता है किसी अभिप्राय की
कार का दरवाज़ा उसे
छुपाता है ।

फिलीप जेकोते

अंग्रेज़ी से अनुवाद

उदयन वाजपेयी

बदले हुए चेहरे पर

बदले हुए चेहरे पर
बिखराव आँसुओं का,
बाढ़ आयी नदियों का
झिलमिलाता मौसम
पृथ्वी को खरोंचती पीड़ा

आयु देखती है पर्वत शिखरों से
बर्फ़ का पीछे सरकना

दूर

दूर
कुछ नहीं केवल चमकते शिखर

कुछ नहीं केवल सुलगती दृष्टियाँ
आपस में उलझती

कोयलें और फाख़्ते

इतने में

इतने में मेरी आँख बचाये रखेगी
क्षमा का एक अदृश्य गुलाब
जैसे जब फिसलती है
झील पर से एक पक्षी की परछाईं

बोझ पत्थरों का, विचारों का

बोझ पत्थरों का, विचारों का

पर्वत और स्वप्न का
विषम संतुलन

रहते हैं हम अब तक दूसरे ही संसार में
अन्तराल में शायद

निशांत के ठीक पहले

निशांत के ठीक पहले
बहने लगती है हवा
और चिराग़ बुझ जाता है

कौन है चौकसी करने
पहली चिड़ियों के पहले ?
नदी की ठण्डी हवा को ज्ञात है

एक लौ, एक उल्टा आँसू :
माँझी के लिए एक सिक्का

एन्तोनियो जेसिन्तो

अंग्रेज़ी से अनुवाद

प्रभात त्रिपाठी

ठेका मजूर का ख़त

मैं तुम्हें एक ख़त लिखना चाहता था
मेरी प्रिया
जिससे तुम्हें पता चलता
तुम्हें देखने की इस इच्छा का
तुम्हें खो देने के इस डर का
उपकार से ज़्यादा बड़े इस अहसास का
जो मैं अनुभव करता हूँ
इस निर्व्याख्या वेदना का
जो मुझे सालती रहती है
इस चाह का
जिसके प्रति एकांत समर्पण में
मैं जीता हूँ;

मैं तुम्हें एक ख़त लिखना चाहता था
मेरी प्रिया।
अंतरंग गोपनीयताओं का एक खत
तुम्हारी स्मृति का
तुम्हारा
मेंहदी-से लाल तुम्हारे ओंठों का
कीचड़-से काले तुम्हारे केशों का
शहद-सी मीठी तुम्हारी आँखों का
जंगली नारंगी-से सख्त तुम्हारे स्तनों का
तुम्हारी विड़ाल चाल का
तुम्हारे दुलराने की छुअन का

ऐसा जो मुझे और कहीं नहीं मिलता
मैं तुम्हें एक ख़त लिखना चाहता था
मेरी प्रिया
जो हमें याद दिलाता हमारे भटकने के दिनों की
हमारी रातों की, जो गुम हो गयी हैं लंबी घासों में
उस छाँह की, जो हम पर पड़ती है आलूचे के वृक्ष से
अंतहीन ताड़-वृक्षों से झरती चाँदनी की
हमारी कामना के उन्माद की
हमारे वियोग की कड़ुआहटों की
मैं तुम्हें एक ख़त लिखना चाहता था
मेरी प्रिया
जिसे तुम नहीं पढ़ सकतीं बिना गहरे निश्वास के
जिसे तुम छिपातीं अपने पापा बोम्बो से
ज़िसे तुम बचाकर रखतीं अपनी ममा कीजा से
जिसे तुम विस्मरण के ठंडेपन से परे
बार-बार पढ़तीं
एक ख़त जिसके लिए पूरे किलोंबो में
तुलना के लिए नहीं है कोई दूसरा

मैं तुम्हें एक ख़त लिखना चाहता था
मेरी प्रिया
जो तुम तक पहुँचेगा गुज़रती हवाओं के हाथ से
एक ख़त
जिसे समझ सकते हैं
काजू और कॉफ़ी के पौधे
लकड़बग्घे और भैंसें
घड़ियाल और रुपहली मछलियाँ
ताकि वह अगर रास्ते में हवा से छूट जाये
तो जानवर और वृक्ष
हमारे तीक्ष्ण दुखों के प्रति करुणा से भरे
गीत से गीत तक
रुदन से रुदन तक

बड़बड़ाहट से बड़बड़ाहट तक
पहुँचायेंगे तुम तक
शुद्ध और गर्म
जलते हुए शब्द
दुखभरे शब्द उस ख़त के जो

मैं तुम्हें लिखना चाहता था मेरी प्रिया
पर मेरे प्रिय मैं नहीं समझ पाता
ऐसा क्यों है, ऐसा क्यों है, ऐसा क्यों है
कि तुम नहीं पढ़ सकतीं
और आह—यह कैसी नाउम्मीदी है
कि मैं लिख नहीं सकता।

अलगाव की कविता

यह अभी भी नहीं है मेरी कविता
मेरे ख़त और आत्मा की कविता
नहीं!
अभी भी नहीं है मेरे पास ज्ञान और शक्ति
कि मैं लिख सकूँ अपनी कविता

निरुद्देश्य भटकती है मेरी कविता
झाड़ियों में और शहर में
हवा की आवाज़ में
समुद्र के ज्वार में
व्योम में और अस्तित्व में

मेरी कविता बाहर निकलती है
दिखावे के पहरावे से ढँकी
अपने आपको बेचती हुई
बेचती हुई
'नींबू ले लो, मेरे नींऽऽबू!'

मेरी कविता गलियों से गुज़रती है
सिर पर गँधाता कपड़ा लपेटकर
अपने आपको अर्पित करती है
बेचती है
'बंगड़ी सादिन और छोटी मछलियाँ
बढ़िया मछली ताज़ा मछली।'

मेरी कविता गलियों में घसीटती है अपने पैर
चिल्लाती हुई
आज की ताज़ा ख़बर ! आज की ताजा ख़बर !
और किसी अख़बार में नहीं छपती मेरी कविता

मेरी कविता कॉफ़ी हाउसों में जाती है
कल, कल खुलेगी लॉटरी, कल खुलेगी
और मेरी कविता की क़िस्मत–
चक्र जैसे वह घूमता है
भँवर जैसी वह भँवरती है
कल, कल खुलेगी लॉटरी, कल खुलेगी

मेरी कविता आती है, कस्बों से
शनिवार को लेकर आओ कपड़े
सोमवार को लेकर जाओ कपड़े
शनिवार को सौंप दो कपड़े और अपने आप को
सोमवार को सौंप दो अपने आप को और लेकर जाओ कपड़े

मेरी कविता धोबिन की लड़की की पीड़ा में है
लजाती
एक बंद कमरे में
निकम्मे अलाल मालिक की हिंसा की हवस में
क़स्बे के अपनी झोंपड़ी के टूटे दरवाज़े के सामने
मेरी कविता एक रंडी है

'जल्दी करो, जल्दी
अपनी जेब खोलो
आओ और मेरे साथ सो जाओ !'

मेरी कविता मज़े में खेलती है
फ़ुटबॉल के मैदान की भीड़ में
जहाँ हर कोई एक नौकर है
और चिल्लाता है
ऑफ़साइड गोल गोल ।

मेरी कविता एक ठेका मजूर है
जाती है कॉफ़ी के बागानों में
ठेका एक बोझा है
जिसे ढोना बेहद कठिन है

ठेका मजूर

मेरी कविता सड़क पर नंगे पाँव चलती है।
मेरी कविता ढोती है माल गोदी में
भरती है बोरे
ख़ाली करती है बोरे
और गुनगुनाती बटोरती है ताक़त
टय्...टय्...टयूर...
एरिम्वुइम पुइम पुइम

रस्सियों में जकड़ी गुज़रती है मेरी कविता
एक पुलिसवाले से मिली
जुर्माना दिया
मालिक दस्तख़त करना भूल गया था गेटपास में
जाती है सड़क के किसी काम में
कटे हुए बाल
घुटा सिर
उबली रसदार मुर्ग़ी
अंकुश है भारी
कोड़ा सरकारी

मेरी कविता बाज़ार में जाती है
रसोई बनाती है
जाती है कर्मस्थल को
घुसती है कलारी में
और उसका लक्ष्य है
ग़रीब जर्जर मलिन ज़िंदगियाँ
जो रहती हैं रात के अज्ञान में

मेरी कविता कुछ नहीं जानती
ख़ुद के बारे में
यह भी नहीं कि क्या कहे कैफ़ियत में

मेरी कविता ख़ुद को दे देने को बनी थी
बनी थी सिर्फ़ समर्पण के लिए
पर मेरी कविता भाग्यवादी नहीं है
मेरी कविता एक ऐसी कविता है
जो पहले ही चाहती है
जो पहले ही जानती है

मेरी कविता है मैं—गोरा मुझपर चढ़ा हुआ
और काला, ज़िंदगी के बीच छलाँगें भरता हुआ

मेलीह सेवदेत एन्दे

अंग्रेज़ी से अनुवाद

अशोक वाजपेयी

ट्राय के पहले घोड़े

I

कथा कही है एक अन्धे कवि ने—
आत्माएँ थीं ट्राय के पहले घोड़ों के भी।
सुनी जा सकती थीं जिनकी हिनहिनाहटें नीचे हेडीस में।
बिना घोड़ों के हिनहिनाहट
कँपाती थी मृतकों को और
भर देती थी गुस्से से कुत्तों को
कभी टापें बजाती ट्रोजन आकाश को :
ग़ैरदफ़न घोड़े की बेचैन आत्मा।

अगर एसियेन लोगों ने उस दिन दौड़ किसी और के लिए की होती
एशिलीज अपने घर ले जा सकता था पहला पुरस्कार
क्योंकि उसके पास थे अनश्वर घोड़े
जो उपहार में दिये थे पोसीदान ने उसके पिता पेलियस को
और जो फिर उसने दे दिये अपने बेटे को।
अब घोड़े दुख मनाते हैं पेट्रोक्लीस के लिए
हिम्मत टूटी हुई, अयालें बुहारतीं धरती को।

डियोमीडीस ट्रास से लाया घोड़े अपने रथ के लिए,
एनियस की लूट
जिसे बचाया था एक देवता ने।
तब सफ़ेद बालोंवाले मेनेलास, एट्रियस के बेटे ने
देवनायक की तरह उठकर जोत दिया था दो घोड़ों को अपने रथ में।

एगमेम्नान की घोड़ी ऐथी और पोडारगस उसका अपना घोड़ा।
एण्टीलोकस अपने घोड़े लाया पाइलास से।
फिर लोकनायक रुशेन अली ने सवारी की अपने
भूरे घोड़े की, दाहिने बायें किए अपने पंखों के साथ।
कोई मतलब नहीं था दूरी का उसके लिए।
फिर वे लाये घमण्डी काठ के घोड़े को।
सुलगता देवदारु फैल गया सारी हवा में,
उसकी जादुई गन्ध से विचलित हुए घोड़े दूसरे।
फिर आयी दुलदुल
उपहार मोहम्मद का अपने दामाद को,
दुलदुल, जो थी शान्तचित्त घोड़ी,
उसके ढँके हुए गुप्तांग,
बहुदेववादी घोड़ों के बीच चली धीरे से।
आया बाद में अलेक्ज़ेण्डर का बूसीफ़ेलैस
झुका हुआ उसका सिर, गहरी दृष्टि फेंकता हुआ हिन्दू युवतियों की तरह
देखता था थोड़ी-थोड़ी देर में वह दक्षिण की ओर
मानो उसे पता हो कितने निकट बहती थी ग्रेनिकास।
फिर आयी एक सिड की बाबिएका, और तुरत बाद
रोशिनेट रोता हुआ।
मुझसे मत करो घोड़ों की बात!
मुझे मालूम है कि वे आते हैं एक माँ के गर्भ से रात में,
अँधेरी घुड़साल में। कोई लैम्प लिये रहता है
जिसकी रोशनी टिमटिमाती है पुआल पर। खाँसती और
हाँफती है घोड़ी, देखती है अपना सिर फेरकर : 'क्या वह है मेरी तरह?
क्या सफ़ेद है उसके टख़ने के ऊपर के बालों का गुच्छा?'
मुझसे मत करो घोड़ों की बात!
धरती से विच्छिन्न सुबह खेतों की तरह
उसके चीख़ते प्रपातों की तरह, आकाश की दरार के पार
छलाँग लगाता है पीगेसस। मेरी जवानी, मेरे बेटे,
वह समय था पागलपन का और दुख का, दिवंगतों के प्रतिकार का,
शरीरहीन पक्षी, ध्वस्त नक्षत्र, विस्मृत गुलाब का घाव,
मृत्यु के स्मारक की तरह ऊपर उठती हुई, निर्बीज नन्हीं झीलें

और नंगा शून्य, सहमा हुआ अवकाश, वह असमाप्त दौड़...
घोड़े, घोड़े! मैंने किसी को बूढ़ा होते नहीं देखा।
कुछ कोशिश करते हैं अपनी अयालों से क़िले गिराने की,
कुछ अभी भी कुरेदते हैं धरती।
                    मुझसे मत करो घोड़ों की बात,
मैं सह नहीं सकता विचार उन्हें पीटे या गिराये जाने का
परास्त, भूलुण्ठित, मुझसे मत कहो,
मत कहो, मैंने नहीं देखा ट्रोजन युद्ध।

II

विष

                    क्या तुमने सुना
जो सुना है बुरसा के गैरेज मैकेनिक महमेत ने?
पूर्वाभास से उसके
कोलतार, मछली और इमारती लकड़ी से
अतृप्त घास की तरह स्त्री से गंधाता हुआ शहर
राख हो जायेगा जलकर
लाओकून को काटा ज़हरीले साँप ने।
वहाँ खड़े थे स्त्रियाँ और बच्चे ऐंठते हुए
हवादार ईलियन के किनारे।
मृत्यु के अवशेष, जीवन और प्रेम की खुरचन,
तट पर अम्बार,
विचार में खोया और पाया शब्द,
असीम, एक खोजी जा रही खण्डित मूर्ति की तरह।
प्रसिद्धि, महानता और किनारों पर ढेर शत्रुओं का।
क्योंकि समुद्र अभी नहीं पहुँचा है अपनी पूर्णता तक : उनींदा है वह
और अपूर्ण। अपनी छिद्रित नाल में शान्त
अपने प्राचीन मृतकों की तलछट के साथ।

                    'इज़मीर मेले से बस पर वापस आते हुए
                    मैंने बादल से घिरते देखा ट्राय को'।

उन्होंने सारी पुस्तकें फेंक दीं गैस चैम्बर में
ड्रेसडेन, कोलोन, म्यूनिख़ में।
ठहरे रहो सारे शिखरों पर...

'वे कहते हैं टकरा रहे हैं वायुयान और पक्षी आकाश में
शहर पर बरस रहे हैं। पंख और चोंचें'

क्या तुमने सुना है ?
विदेशी हैं हमारे वेश्यालयों की सभी लड़कियाँ।
उनके नाम हैं ला, ली, लू...

'ठीक है।
पहाड़ पर छोड़े गये बच्चे का क्या हुआ ?
इसी के बारे में बात कर रहा है हर कोई अब।
क्या उसे खा गये पशु-पक्षी ?
क्या तुम उसके अवशेष भी नहीं पा सकते ?
क्या हम उन्हें एकत्र कर नहीं सकते और बना नहीं सकते उनसे एक व्यक्ति ?
पर अगर, अगर वह छोड़ दिया गया हो तनहीन ?
कर सकते, नहीं कर सकते, अगर ?'

III

स्वप्न

'भोर के पहले
उस प्रहर जो एक हमेशा भूखे कबूतर की तरह,
तुरन्त बीन लेता है रात की जूठन
जब अजन्मे बच्चे कमान कसते हैं, स्वप्नों की
स्त्री ने देखा बच्चे और आग का स्वप्न।'

'तो वे बच्चे को छोड़ आये पहाड़ पर, जहाँ तिरते थे अब भी
स्वप्न और आग, काश वे पीछे छोड़ सके होते सिर्फ़ स्वप्न को।'

'हाँ, स्वप्न ने हमें भयभीत किया, ऐसा तो होना ही था,
हमारे वश में नहीं था कि हम व्याख्या न करते स्वप्न की

और वह करते जो हमें करना था।
बच्चे के बढ़ने की प्रतीक्षा करेगी आग।
प्रतीक्षा करने दो भविष्यत् दिनों के अपंग शिलालेख को भी,
और पक्षी की चोंचों से लहूलुहान दर्पण को भी,

हमेशा परिपक्व होती है मदिरा और पी जाती है घूँट-घूँट,
क्योंकि रक्त की गठिया होती है लाल,
दिन का रंग ज्वार-भाटे में, सतत गान।
क्या हमने बाँट नहीं दिया है दिन को सात और रात को पाँच में ?
क्या हमने बाँध नहीं दिया है इस निद्राविहीन प्रतिरोध के जल को ?
क्या हमने जन्म से बहुत दूर फेंक नहीं दिया है चन्द्रमा को ?
कर नहीं दिया है नींद की भारी चिमनी को लम्बा
करने दो प्रतीक्षा नरकुल को रहस्यजल में
और नेत्रपक्षी को जो झाँकता है, चन्द्रमा के लहँगे से
इससे पहले कि बन सके नगर, पत्थर को घिस रहा है भोंथरा चाकू,
उन्हें प्रतीक्षा करने दो, प्रतीक्षा लिखी है जिनके भाग्य में उन
ललाटों को करने दो प्रतीक्षा

मैं कहता हूँ थामे रहो प्रवाह को, वह थमता है और करता है प्रतीक्षा
जल, धरती, मानस की उजड्ड खर-पतवार,
चक्रदोला, घूँघट, मंदिर और सीढ़ियाँ बची रहेंगी,
बचे रहेंगे अनश्वर सुख और ऊब,
हम प्रतीक्षा करते हैं वह जीते हुए जो दिया गया है हमें।'

'ज्ञानी को बहुत कष्ट हुआ।
क्या तुम समझते हो कि हम साथ-साथ झेल सकते हैं यह उत्सुकता
जो चलेगी अनजाने वर्षों तक ?
हमें कुछ पता नहीं कि क्या लायेगा हमारा कल।
हम अब भी नहीं जानते, पर यह बच्चा एक आशा है,
आशा हमारी आशाहीनता की।
जाओ और उसे खोजो जंगल में।'

IV

मोड़

जंगल एक जादुई जाल है जिसे बिछाया है नग्न मूल निवासियों ने
और पहाड़, एक चकित और पछियाये जाते घोड़े की तरह, कोशिश
करता जीवन से चिपकने की
चढ़ता है आकाश के खोखले जल की ओर, चढ़ता और चढ़ता ही जाता है।
नीचे
सात बार उजाड़े गये समुद्र और दीवारों के बीच
स्वप्न और आग के दो पंखों के बीच
दिन के सामने के दाँत और परछाइयों की चट्टान के बीच
नदी के चलनेवाले नृत्य के बीच, समय को तानते हुए,
कुछ नहीं की गोली बेतों से
बुलवाती है झटपट मृत्यु की बोली
और झील, अन्त के पड़ोस की दीवार,
घोड़े मुड़ते रहते हैं··· मैंने एक नहीं देखा जो बूढ़ा हो रहा हो।
कुछ कोशिश करते हैं अपनी अयाल से शिखरों को गिराने की,
कुछ अपनी टापों से खूँदते हैं धरती।
एक तरफ़ प्रतीक्षा करता रहा पुरस्कार : एक स्त्री
हत्थे के साथ एक तिपाही, एक छः साल की घोड़ी,
आग से अछूता एक महाकुण्ड, एक दुहत्थी केतली,
चिल्लाहट, टापों की आवाज़ें, धूल के बादल···
ठहरे रहो सारे शिखरों पर।
'ठीक है, तब,
पहाड़ पर छोड़े गये बच्चे का क्या हुआ?'

V

भविष्यवाणी

'वह नीला मनका देखा? अभी उस दिन
उसे लिये था एक ऊँट चलानेवाला। वह विचित्र था सचमुच।

वह जानना चाहता था भाग्य अपना पर लड़ा निर्भय होकर
विरुद्ध उसके। मुझे समझ नहीं आता। वे कहते हैं
युफ़ेटीज़ को पार करते डूब गया वह। भाग्य
एक भूखा कुत्ता है—तुम उसे भगा देते हो और वह लौट आता है
तुम्हें खोजकर। मैं भाग्य बताने उँडेलता हूँ सीसा,
पर यह किसका है भाग्य?
मैंने मैकबेथ से कहा था कि वह राजा होगा : नहीं हुआ।
पर मैंने उससे कभी नहीं कहा कि वह राजा को मारेगा।
यह मेरे सामर्थ्य में नहीं कि मैं समय को लम्बा या
छोटा कर दूँ। 'यत् सत् तत् क्षणिकम्'।
देखो, मैंने आँख झपकायी : सब चीज़ें पीछे छूट गयीं और चली गयीं।
आनेवाला कल बीता कल है और बीते कल को अभी आना है।
यह बीज वह बच्चा हो जो तुम थामे हो : उसे धकेलता हूँ मैं।
वह पहाड़ से नीचे लुढ़कता है। उसे कितनी देर लगी?
नहीं बता सकता मैं। अभी भी नहीं बता सकता मैं कि यह वही है या नहीं है।
जलाओ एक दीया। उससे प्रकाश मिलता है शाम को।
आधी रात को दूसरा, भोर के पहले फिर एक,
फिर भी वह वही दिया है।
सनातन : क्षण-धर्म :। करो विश्वास। मत करो विश्वास।'

VI

प्रेम

जंगल शुरू हुआ जब तुमने मेरा हाथ थामा,
बँटता हुआ दो भागों में अंजीर की तरह।
हम दौड़ेंगे, दुहरे झुके हुए, बेदम,
मछलियों-से पछाड़ खाते, बाधा डालतीं
हमारे वेग में चीड़ सूचिकाएँ
छोड़ो मत मेरा हाथ। मेरा
हाथ मत छोड़ो।...
फिर हम नीचे जायेंगे, फिसलते हुए
वृक्ष की तरह झुकी हुई शांति,

जड़ें उगाती हम दोनों में खोजती हुई
धरती के सोतों को, एक के बाद दूसरा।
तुम्हारे सूर्यमुखी स्तन प्रकाश की ओर अपना मुख घुमाते हैं।
दोपहर के घण्टों की तरह, मैं तुम्हारे स्तनों पर सब ओर चला।
विजय के तोरण की तरह चला मैं तुम्हारे दोनों ओर।
हमने दौड़ना शुरू किया फिर,
ऊपर, और ऊपर, आकाश के खोखले जल की ओर।
मैं तुम्हें चूमूँगा और तुम सिहरोगी। प्रेम
छिन्न-भिन्न क्षणों को जोड़ता है नहीं देखता कोई स्वप्न।
जंगल, पछियाये जा रहे घोड़े का भाग्य, नयी शुरुआतों का भूखा कबूतर।
जो बताया जा सके ऐसा कोई भाग्य नहीं है हमारा
उसे हमने जला दिया प्रवासी पक्षी की आँखों में धब्बे की तरह
या भोर में उनकी चोंचों के बीच पकड़े गये अकेले।
अन्न की तरह!
जो बताया जा सके ऐसा कोई भाग्य नहीं हमारा

परिशिष्ट

अंग्रेजी अनुवादों का संदर्भ जिनसे हिन्दी अनुवाद किये गये हैं

आक्तोवियो पाज़ (स्पहानी से अंग्रेज़ी)
निश्चय/स्पर्श—चार्ल्स टॉमलिनसेन
रात की सैर/मैथुन—एलियट वीनबर्गर
गली/—म्यूरियल रयूकेसर

चेस्वाव मिवोश (पोलिश से अंग्रेज़ी)
नदियाँ—रोबर्ट हास, रोबर्ट पिंस्की, रेनाटा गोरज़िन्सकी और कवि द्वारा
इसका क्या अर्थ है/समर्पण—कवि द्वारा
सफ़ेदी—कवि और रिचर्ड लॉरी
और नहीं—ए. एम.

निकानोर पार्रा (स्पहानी से अंग्रेज़ी)
कल्पित मनुष्य—फ्रेंक मैकशेन
आत्मा को शान्ति मिले—एडिथ ग्रॉसमेन
प्रेमालाप/एक संदिग्ध चरित्र/विदाई—मिलर विलियन्स

लियोपोल्ड सेडार सेंगोर (फ्रांसीसी से अंग्रेज़ी)
सभी कविताएँ जॉन रीड और क्लाइव वैक द्वारा

रफ़ाइल अलबर्ती (स्पहानी से अंग्रेज़ी)
सभी कविताएँ मार्क स्ट्रेण्ड द्वारा

मिरोस्लाव होलुब (चैक से अंग्रेज़ी)
दाँत/एक फैंस के बारे में संक्षिप्त चिंतन—इवाल्ड ओसर्स
शाम 6 बजे के उद्भव पर/एक कवि से बातचीत/ पेड़ों पर बिल्लियों के उगने के बारे में संक्षिप्त चिंतन/विपरीत के उद्भव पर—जारमिला और मिल्मर

ज़ेब्ग्यू हर्बर्त (पोलिश से अंग्रेज़ी)
कंकर/मुर्गी/आरामकुर्सियाँ—चेस्वाव मिवोश
माँ/मछली—जॉन व बोगदाना कारपेन्टर

रोबेर्तो हुआरोज़ (स्पहानी से अंग्रेज़ी)
शीर्षकहीन पाँच कविताएँ—डब्ल्यू. एस. मरविन

एडोनिस (अरबी से अंग्रेज़ी)
सभी कविताएँ सेमुअल हैज़ो द्वारा

वास्को पोपा (सरबो-क्रोएशियन से अंग्रेजीं)
सभी कविताएँ एनी पैनिंगटन द्वारा

ताद्यूश रोज़ेविच (पोलिश से अंग्रेज़ी)
सभी कविताएँ अदम चैर्नीएव्स्की द्वारा

अर्नेस्तो कार्देनाल (स्पहानी से अंग्रेज़ी)
व्यंग्योक्तियाँ (ग्यारह कविताएँ)—डोनाल्ड डी. वाल्श और टामस मर्टन
मठ के पीछे/मेरिलिन मनरो के लिए प्रार्थना—रोबर्ट प्रिंग-मिल

फेरेन्त्स यूहाश (हंगारी से अंग्रेज़ी)
जो लड़का बन गया हिरन रहस्यद्वार पर रोता है—केनेथ मेकरोबी

जोवान्नी राबोनी (इतालवी से अंग्रेज़ी)
सभी कविताएँ स्टुअर्ट फ्रीबर्ट और वीनिओं रोस्सी द्वारा

हेनरिक नोर्डब्रांट (डेनिस से अंग्रेज़ी)
सभी कविताएँ कवि और एलेक्ज़ेंडर टेलर द्वारा

डब्ल्यू. एस. रेण्ड्रा (बहासा से अंग्रेज़ी)
सभी कविताएँ हैरी एवेर्लिग द्वारा

शुन्तारो तानीकावा (जापानी से अंग्रेज़ी)
चुम्बन/कोई चीज़/कमरे के बारे में/मृत्यु और आग—हेरोल्ड राइट
'अपने साथी मौन के साथ': दो कविताएँ—विलियम आई. एलियट और काज़ुओ कावामूरा

टोमस ट्रांसट्रोमर (स्वीडिश से अंग्रेज़ी)
सभी कविताएँ रोबिन फ़ल्टन द्वारा

चाङ् ह्यान जाङ् (चीनी से अंग्रेज़ी)
सभी कविताएँ उचाङ्. किम द्वारा

हेलमूट त्सेंकर (जर्मन से अंग्रेज़ी)
सभी कविताएँ मिल्ने होल्टन और हर्बर्ट कूहनर द्वारा

नेन्सी मोरेजॉन (स्पहानी से अंग्रेज़ी)
सभी कविताएँ केथलीन विआ द्वारा

गुंटर कुनेर्ट (जर्मन से अंग्रेज़ी)
अचानक खुल पड़ी खिड़की/स्मृति–सी. मिडिल्टन

शू तिङ् (चीनी से अंग्रेज़ी)
दो मस्तूलों वाली नाव–ताओ लियू

फिलीप जेकोते (फ्रांसीसी से अंग्रेज़ी)
सभी कविताएँ डेरेक मेहोन द्वारा

मेलीह सेवदेत एन्दे (तुर्की से अंग्रेज़ी)
तलत हलमान और ब्रायन स्वान

अनुवादक

कृष्ण बलदेव वैद : 1927 डिंगा, पंजाब (वर्तमान पाकिस्तान) में जन्म। पंजाब यूनिवर्सिटी और स्टेट यूनिवर्सिटी ऑफ न्यूयार्क में अध्यापन के बाद अब भोपाल में निराला सृजनपीठ के अध्यक्ष। उसका बचपन, विमल उर्फ़ जाएँ तो जाएँ कहाँ समेत छः उपन्यास। खामोशी और आलाप नाम से सम्पूर्ण कहानियों का संग्रह। हिन्दी और अंग्रेजी में अनेक अनुवाद। हेनरी जेम्स पर एक आलोचना पुस्तक अंग्रेजी में प्रकाशित।

रमेशचन्द्र शाह : 1937 अल्मोड़ा (उत्तर प्रदेश) में जन्म। कछुए की पीठ पर, हरिश्चन्द्र आओ और नदी भागती आयी—कवितासंग्रह। गोबर गणेश, किस्सा गुलाम—उपन्यास। जंगल में आग—कहानियाँ। रचना के बदले, शैतान के बहाने, आड़ू का पेड़—निबंध संग्रह। छायावाद की प्रासंगिकता, समानान्तर, वागर्थ, सबद निरन्तर और जयशंकर प्रसाद—आलोचना पुस्तकें। यीट्स एण्ड एलियट: इंडियन पर्सपेक्टिव्ज़ विषय पर पी-एच.डी.। मध्यप्रदेश शासन के शिखर सम्मान से सम्मानित।

सोमदत्त : 1939 मैहर (मध्यप्रदेश) में जन्म। रेल बोगदे में, किस्से अरबों हैं—कवितासंग्रह। नाज़िम हिकमत की कविताएँ, गाथाएँ सपनों की—अनूदित कविताओं के संग्रह। बच्चों के लिए रूसी भाषा का लघु उपन्यास—मनमानी के मज़े—अंग्रेज़ी से अनुवाद प्रकाशित। 1983 से मध्यप्रदेश साहित्य परिषद् के सचिव और *साक्षात्कार* पत्रिका के सम्पादक।

चन्द्रकान्त देवताले : 1936 बैतूल (मध्यप्रदेश) में जन्म। हड्डियों में छिपा ज्वर, दीवारों पर ख़ून से, लकड़बग्घा हँस रहा है, रोशनी के मैदान की तरफ़, भूखण्ड तप रहा है आदि कवितासंग्रह प्रकाशित। मध्यप्रदेश शासन के शिखर सम्मान से सम्मानित।

विष्णु खरे : 1940 छिन्दवाड़ा (मध्यप्रदेश) में जन्म। खुद अपनी आँख से—कवितासंग्रह और अशोक वाजपेयी द्वारा सम्पादित पहचान सीरीज़ में कविताएँ प्रकाशित। आलोचना की पहली किताब—आलोचना पुस्तक प्रकाशित। टी. एस. एलियट की द वेस्ट लेण्ड एण्ड अदर पोयम्स के हिन्दी अनुवाद—मरु प्रदेश और अन्य कविताएँ। हंगारी कवि अत्तिला

योझेफ़ की रचनाओं—यह चाकू समय—का हिन्दी अनुवाद प्रकाशित। अन्य विदेशी कविताओं के अंग्रेज़ी से हिन्दी अनुवाद और हिन्दी से अंग्रेज़ी अनुवाद के लिए प्रतिष्ठित।

प्रयाग शुक्ल: 1940, कलकत्ता में जन्म। कविता संभव, यह एक दिन है, आदि कवितासंग्रह। अकेली आकृतियाँ, इसके बाद, वह अन्तर्देशीय—कहानीसंग्रह। जीवनानन्ददास की कविताओं का मूल बंगला से हिन्दी अनुवाद। कला समय समाज, चित्रों का संसार, समकालीन कला का सम्पादन।

जितेन्द्र कुमार: 1935, पाटन (मध्यप्रदेश) में जन्म। औरत-मर्द, निर्वस्त्र, नृशंसता—उपन्यास। मेरे शहर के घोड़े, वहीं से कथा—कहानीसंग्रह। आईने में चेहरा और ऐसे भी तो संभव है मृत्यु—कवितासंग्रह प्रकाशित।

शिवकुटीलाल वर्मा: 1937, इलाहाबाद में जन्म। हार नहीं मानूँगा और अशोक वाजपेयी द्वारा सम्पादित पहचान सीरीज़ में कविताएँ प्रकाशित। तनाव पत्रिका की अनुवाद श्रृंखला के अंतर्गत वास्को पोपा की कविताओं के हिन्दी अनुवाद प्रकाशित।

प्रभात त्रिपाठी: 1941, रायगढ़ (मध्यप्रदेश) में जन्म। खिड़की से बरसात पहचान सीरीज़ में और नहीं लिख सका मैं—कवितासंग्रह। सपना शुरू—उपन्यास, रचना के साथ—आलोचना पुस्तक प्रकाशित। मुक्तिबोध की कविता पर शोध।

गिरधर राठी: 1946, पिपरिया (मध्यप्रदेश) में जन्म। बाहर भीतर, उनींदे की लोरी—कवितासंग्रह। आधुनिक हंगारी कविताएँ और तनाव पत्रिका की अनुवाद श्रृंखला में यानिस रित्सोज़ और यीव वोनफ़्वा की कविताओं के अनुवाद प्रकाशित।

मदन सोनी:1952, सागर (मध्यप्रदेश) में जन्म। कवि-आलोचक। कविता का व्योम और व्योम की कविता—आलोचना पुस्तक प्रकाशित। चार युवा कवियों की एक पुस्तक—होना शुरू होना—का सम्पादन। कालिदास के नाटक मालविकाग्निमित्र, ब्रेख्त के नाटक कॉकेशियन चॉक सर्किल और शेक्सपीयर के नाटक टेमिंग ऑफ़ द श्रू का बुन्देली में ब. व. कारंत और फ़्रिट्ज़ बेनेविट्ज़ के लिए अनुवाद। भारत भवन से प्रकाशित हिन्दी की आलोचना द्वैमासिक पत्रिका *पूर्वग्रह* के सहसम्पादक।

राजेन्द्र धोड़पकर: 1956 में जन्म। मदन सोनी द्वारा सम्पादित होना शुरू होना में बीस कविताएँ संकलित। मलयालम भाषा के कवि के सच्चिदानन्दन की कविताओं के हिन्दी अनुवाद—अन्धा आदमी जिसने सूर्य खोजा—प्रकाशित।

उदयन वाजपेयी : 1959, सागर (मध्यप्रदेश) में जन्म। कवि-आलोचक। मदन सोनी द्वारा सम्पादित होना शुरू होना में कविताएँ संकलित। पूर्वग्रह पत्रिका की पहलेपहल सीरीज़ में सुदेशना नाम से आठ कहानियाँ प्रकाशित। ऑक्तोवियो पाज़, फर्नाण्डो सोरेण्टिनो, चेख़व, काफ़्का, टाड्यूज़ फ़ाइफ़र, ओतो अरबान, मीरोस्लाव होलुब, बाद्यूश रोज़ेविच आदि की कृतियों के अंग्रेज़ी से हिन्दी अनुवाद प्रकाशित।

गगन गिल : जन्म 1959। दिल्ली विश्वविद्यालय से अंग्रेज़ी साहित्य में स्नातकोत्तर उपाधि। हिन्दी एवं पंजाबी की युवा कवयित्री और लेखिका। हिन्दी में कविताएँ पश्यन्ती लहर, मुक्तकण्ठ कविता-विशेषांक में प्रकाशित। पंजाबी में अनूदित कवितासंग्रह 'दृश्य बदलते हुए' के तीन अनुवादकों में से एक। संप्रति, टाइम्स ऑफ़ इण्डिया की पत्रिका *वामा* से संबद्ध।

पूर्णचन्द्र रथ : जन्म 1945, जगदलपुर (मध्यप्रदेश) में। आकाश भी अपना—कविता संग्रह प्रकाशित। भोपाल में साहित्य परिषद् में नौकरी। अनेक उड़िया कवियों की कविताओं के अनुवादक।

वरयाम सिंह : जन्म 1948 को बंजार (कुल्लू) शिमला में। हिमाचल समाचार व अन्य कविताएँ (काव्यसंग्रह), सराजी बोली में प्रकाशित कविताएँ हिमाचल अकादेमी द्वारा पुरस्कृत। अलेक्सांद्र ब्लोक, कोत्सा खेतागूरोव, मायकोव्स्की, आंद्रेई वोज़्नेसेंस्की, त्स्वेतायेवा की कविताओं के हिन्दी अनुवाद प्रकाशित। रूसी कविता पर समीक्षात्मक लेख। सोवियतलैण्ड नेहरू पुरस्कार से सम्मानित। रूसी अध्ययन केन्द्र, जवाहरलाल नेहरू विश्वविद्यालय, दिल्ली, में एसोसिएट प्रोफ़ेसर।

कुँवरनारायण : 1927 में जन्म। कविता, कहानी और आलोचना लिखते हैं। तीन कविता-संग्रह चक्रव्यूह, परिवेश : हम तुम, अपने सामने प्रकाशित, एक लंबी कविता आत्मजयी और एक कहानी-संग्रह प्रकाशित। *सम्मान* : हिन्दुस्तानी एकेडेमी 1970, कुमार आशान पुरस्कार 1983, तुलसी पुरस्कार 1982।

रचनाकार

आक्तोवियो पाज़ : (मैक्सिको) जन्म 1914। *कृतियाँ :* द लेबरिन्थ ऑफ़ सोलीट्यूड, सन स्टोन, ईगल ऑर सन, अर्ली पोयम्स, द बो एण्ड द लायर, ऑल्टरनेटिंग करेण्ट, कन्जंक्शन्स एण्ड डिसजंक्शन्स, मंकी ग्रामेरियन, वन अर्थ एण्ड थ्री ऑर फ़ोर वर्ल्ड्स कनवर्जेसेंस, चिल्ड्रेन ऑफ़ मायर, ऑन पोएट्स एण्ड अदर्स, आदि। सौन्दर्यशास्त्र और काव्यशास्त्र पर अनेक लेख प्रकाशित। साहित्यिक पत्र *टेटलर* के संस्थापक। साहित्य कला और आलोचना की पत्रिका *प्लूरल* का प्रकाशन। *द प्रॉडिगल सन* पत्रिका में रिम्बों, लाचेमों और एलियट की रचनाओं का अनुवाद। साहित्य का नॉशटेट पुरस्कार और अनेक पुरस्कारों से सम्मानित। 1962 में भारत में मैक्सिको के राजदूत। विश्व के कई देशों के विश्वविद्यालयों में अध्यापन। केम्ब्रिज़ में लेटिन अमेरिकन लिटरेचर की सायमन बोलिवर चेयर पर नियुक्त हुए।

चेस्वांव मिवोश : (अमेरिका) जन्म1911। *कृतियाँ :* द कैप्टिव माइण्ड, पोस्ट वार पोलिश पोएट्री, नेटिव रेल्म : अ सर्च फ़ार अ डेफ़िनिशन, द हिस्ट्री ऑफ़ पोलिश लिट्रेचर, सेलेक्टेड पोयम्स। *सम्मान :* साहित्य का नोबल पुरस्कार। द्वितीय विश्वयुद्ध में छापामार दस्ते में शामिल। सरकार की राजनयिक सेवाओं में कुछ वर्ष कार्य करने के बाद अपने देश से निर्वासन।

निकानोर पार्रा : (चिली) जन्म 1914। *कृतियाँ :* पोयम्स एण्ड एन्टी पोयम्स, इमरजेन्सी पोयम्स आदि। *सम्मान :* ओबरा ग्रएसाँ के लिए चिलिअन प्रिएनिओ नेशोनाल दि लित्रेचुरा। ऑक्सफ़ोर्ड और ब्राउन विश्वविद्यालयों में शिक्षा। चिली विश्वविद्यालय में थ्योरिटिकल फ़िज़िक्स के भूतपूर्व व्याख्याता।

लियोपोल्ड सेडार सेंगोर : (सेनेगल) जन्म 1906। *कृतियाँ :* शॉन्त् द' ओम्ब्या, आन्थोलॉजी द ला नुवेल पोएसिए नेज़्ग ऐ मालगारा, आस्तीए नोआख़, शॉन्त् पूग़ नएत, एथिओपिक, नोक्त्युग़न, पोएम, नेस्यों ए वोई आफ़्ग़ीकेन द्यू सोसिआलिज़्म। *सम्मान :* ग्घान्द प्ख़ीक्स इन्तेख़नास्योनाल द पोएसिए। 1960 में सेनेगल की स्वाधीनता के बाद उसके प्रथम राष्ट्रपति। लाय एग्रेंज़ की उपाधि।

स्टीफ़न स्पेण्डर : (इंग्लैण्ड) जन्म 1909। *कृतियाँ :* सेलेक्टेड पोयम्स, द ओडिपस ट्रीलॉजी, अ च्वाइस ऑफ़ शैलीज़ वर्स, आत्मकथा : वर्ल्ड विद इन वर्ल्ड, कलेक्टेड पोयम्स और जरनल्स प्रकाशित। पिछले पचास वर्षों से डायरी-लेखन।

अख़्तरुल ईमान : (भारत) जन्म 1915। *कृतियाँ :* कविताओं के सात संग्रह—गरदाब, सबरंग, सरो सामान आदि। *सम्मान :* साहित्य अकादेमी पुरस्कार, उत्तरप्रदेश, महाराष्ट्र और दिल्ली की उर्दू अकादेमियों द्वारा सम्मानित। म. प्र. शासन का राष्ट्रीय पुरस्कार इकबाल सम्मान। कई वर्षों तक फ़िल्मों के लिए पटकथा-लेखन।

रफ़ाइल अलबर्ती : (स्पेन) जन्म 1902। *कृतियाँ :* मरीनिरो एन तिरया, सोबरे लॉस एन्जिलिस, केपितल डे ला ग्लोरिआ, प्लीमार, अ ला पिनतुरा, पोयसियास कम्पलीतास। *सम्मान :* साहित्य का राष्ट्रीय पुरस्कार। मेड्रिड में चित्रकारी का अध्ययन। रोगग्रस्त रहने के कारण चित्रांकन करने में असमर्थ, इसी बीच लेखन का प्रारम्भ। स्पेन से निष्कासन।

निकेफ़ोरॉस व्रेताकॉस : (ग्रीस) जन्म 1912। *कृतियाँ :* मॉडर्न ग्रीक पोयट्री में कविताएँ संकलित। *सम्मान :* दो बार राजकीय पुरस्कार। प्रारम्भिक जीवन संघर्षपूर्ण। 1937 तक छोटी-छोटी व्यापारिक संस्थाओं में लिपिक। 1938 से 47 तक नागरिक कर्मचारी के रूप में कार्य। बाद में, 1951 से 54 तक कस्टम अधिकारी। 1954-55 में मेयर के म्यूनिसिपल काउन्सलर। यूरोप का व्यापक भ्रमण। 1967 से 74 में स्विट्ज़रलैण्ड और इटली में कार्य।

हरभजन सिंह : (भारत) जन्म 1920। *कृतियाँ :* लासान, न धूपे न छावा, सरक दे सफ़े उत्ते, मैं जो बीत गया, अलफ दुपहर, मतथा दिवे बाला, अलविदा तन पहला, आदि सोलह पुस्तकें प्रकाशित। आलोचनात्मक लेखन। *सम्मान :* 1988 में भारतीय कविता के लिए म. प्र. शासन का राष्ट्रीय पुरस्कार कबीर सम्मान। दिल्ली विश्वविद्यालय के पहले व्याख्याता जिन्होंने पंजाबी साहित्य को अधिक समृद्ध बनाने के लिए विश्व के विभिन्न काव्यशास्त्रों का पंजाबी भाषा में आलोचनात्मक अध्ययन प्रारम्भ करवाया।

मिरोस्लाव होलुब : (चेकोस्लोवाकिया) जन्म 1923। *कृतियाँ :* डे ड्यूटी, गो एण्ड ओपन द डोअर, अकम्पलीटली अनसिस्टमेटिक ज़ूलॉजी, ह्वेयर द ब्लड फ्लोज़, द सोकॉल्ड हार्ट, एन्जिल ऑफ़ व्हील्स, थ्री स्टेप्स ऑन द अर्थ, द एक्सप्लोडिंग सिटी, कांक्रीट, नोट्स ऑफ़ अ क्ले पीजन, ऑन द कॉन्ट्रेरी, सेलेक्टेड पोयम्स आदि प्रकाशित। 1953 में चार्ल्स यूनिवर्सिटी से एम. डी. की उपाधि। 1958 में इम्यूनॉलॉजी में पी-एच. डी.। प्रसिद्ध क्लिनिकल पैथॉलॉजिस्ट और इम्यूनॉलॉजिस्ट।

जेब्न्यू हर्बर्त : (पोलैण्ड) जन्म 1924। *कृतियाँ :* द कॉर्ड ऑफ़ लाइट, हरमिस डॉग एण्ड स्टार, स्टडी ऑफ़ द आब्जेक्ट, सेलेक्टेड पोयम्स, द केव ऑफ़ फ़िलॉस्फ़र्स, द अदर रूम, रिकन्सट्रक्शन ऑफ़ द पोयट और फ्रान्स, इंग्लैण्ड, इटली, ग्रीस के यात्रा-संस्मरण : द बारबेरियन इन द गार्डन आदि प्रकाशित। *सम्मान :* प्राइज़ ऑफ़ द पोलिश इन्स्टीट्यूट ऑफ़ आर्ट्स एण्ड साइन्सेज़ इन अमेरिका। यूरोपियन लिट्रेचर के लिए आस्ट्रियन राज्य पुरस्कार। विधि, अर्थशास्त्र और दर्शन का क्रोको तारून और वारयाँ विश्वविद्यालयों में अध्ययन।

रोबेर्तो हुआरोज़ : (अर्जेन्टीना) जन्म 1925 । *कृतियाँ :* पोयसिआ वर्तिकल, सेम्यून्दा पोयसिआ वर्तिकल, तरसेरा पोयसिआ वर्तिकल, कुआरता पोयसिआ वर्तिकल, क्विन्ता पोयसिआ वर्तिकल, सेक्सता पोयसिआ वर्तिकल, सेपतिमा पोयसिआ वर्तिकल, अन्देसिया पोयसिआ वर्तिकल आदि प्रकाशित। रचनाएँ स्पेनिश भाषा से अंग्रेज़ी, फ्रैंच, जर्मन, इतालवी, पुर्तुगाली, ग्रीक, डेनिश, हिन्दी और अरबी भाषाओं में अनूदित। *सम्मान :* 1977 में अर्जेन्टीना फाउन्डेशन फॉर पोयट्री का सर्वोच्च सम्मान।

अली अहमद सईद 'एडोनिस' : (लेबनान) जन्म 1930। *कृतियाँ :* फर्स्ट पोयम्स, लीव्ज़ इन द विण्ड, सांग्ज़ ऑफ़ मिहयार द डमासीन, द बुक ऑफ़ चेन्जेज़ एण्ड इमिग्रेशन्स इन टु द रीजन्स ऑफ़ डे एण्ड नाइट, द स्टेज एण्ड मिरस। *सम्मान :* 1970 में अन्तर्राष्ट्रीय पोयट्री फोरम द्वारा स्थापित सीरिया लेबनान पुरस्कार। 1960 में सोख़बान में अध्ययन के लिए छात्रवृत्ति।

एलेन गिन्सबर्ग : (स. रा. अमेरिका) जन्म 1926। *कृतियाँ :* हाउस एण्ड अदर पोयम्स, रिअलिटी सेन्डविचेज़, एयरोप्लेन ड्रीम्स, प्लेनिट न्यूज़, द सनशाइन इन्टरव्यूज़, एलन वरबेटिम लेक्चर्स ऑन पोयट्री, आयरन हॉर्स, द विज़न ऑफ़ 5 ग्रेट रिमेम्बर, व्हाइट ग्राउण्ड पोयम्स, हाऊल, स्ट्रेट हार्ट डिलाइट—लव पोयम्स एण्ड सेलेक्टेड लेटर्स आदि पुस्तकें प्रकाशित। *सम्मान :* गुगनहाइम फ़ैलोशिप—1963-64। नेशनल इन्स्टीट्यूट ऑफ़ आर्ट्स एण्ड लेटर्स फ़ॉर पोयट्री—1965। उनकी कृति फ़ॉल ऑफ़ अमेरिका को नेशनल बुक पुरस्कार।

वास्को पोपा : (युगोस्लाविया) जन्म 1922। *कृतियाँ :* क्रस्ट, फ़ील्ड ऑफ़ नो रेस्ट, सेकण्ड्री स्काई, अपराइट कण्ट्री, रॉ फ़्लेश, वुल्फ़ज़ सॉल्ट, अ हाउस इन द मिडिल ऑफ़ द रोड, अधिकांश कविताएँ अनूदित रूप में सेलेक्टेड पोयम्स, द लिटिल बॉक्स तथा अर्थ इरेक्ट आदि प्रकाशित। *सम्मान :* यूरोपियन साहित्य के लिए नेशनल अस्ट्रिअन पुरस्कार।

रघुवीर सहाय : (भारत) जन्म 1929। *कृतियाँ :* सीढ़ियों पर धूप में, आत्महत्या के विरुद्ध, हँसो हँसो जल्दी हँसो, लोग भूल गये हैं, कविता पुस्तकें। सीढ़ियों पर धूप में और रास्ता इधर से है में कहानियाँ और लिखने का कारण, दिल्ली मेरा परदेस में निबन्ध संकलित। अज्ञेय द्वारा सम्पादित दूसरा सप्तक के कवि। *सम्मान :* साहित्य अकादेमी पुरस्कार। शेक्सपियर, पोल्स्की, येर्जी आन्द्रेजेव्स्की, आइवो आन्द्रिच और रोम्याँ रोलाँ की कृतियों के हिन्दी अनुवाद प्रकाशित। नवजीवन, प्रतीक, कल्पना, दिनमान आदि पत्रिकाओं का सम्पादन।

जॉन एशबेरी : (अमेरिका) जन्म 1927। *कृतियाँ :* टूराण्डो एण्ड अदर पोयम्स, सम ट्रीज़, द टेनिस कोर्ट ओथ, रिवर्स एण्ड माउन्टेन्स, द डबल ड्रीम ऑफ़ स्प्रिंग, थ्री पोयम्स, सेल्फ पोर्ट्रेट इन अ कॉन्वेक्स मिरर, एज़ ही नो, शेडो ट्रेन, अ वेव आदि पुस्तकें प्रकाशित। *सम्मान :* पुलिट्ज़र पुरस्कार, नेशनल बुक पुरस्कार, और नेशनल बुक क्रिटिक्स सर्कल पुरस्कार। 1955 से 1965 तक फ्रान्स (पेरिस) में *हेराल्ड ट्रिब्यून* में कला समीक्षा। 1965 से 1972 तक न्यूयार्क में *आर्ट न्यूज़* के प्रबन्ध सम्पादक।

तादूयूश रोज़ेविच : (पोलैण्ड) जन्म 1921। *कृतियाँ :* फ़ेसेज़ ऑफ़ एंग्ज़ायटी, द रेड ग्लाउ, फ़ाइव पोयम्स, द टाइम व्हिच गोज़ बाय, पोयम्स एण्ड इमेज़ज, द प्लेन, सिल्वर ग्रेन, कलेक्टेड पोयट्री, एन अनफिनिश्ड एक्ज़ैमिनेशन, सेलेक्टेड शॉर्ट स्टोरीज़, सेलेक्टेड पोयट्री, व्हाइट मैरेज एण्ड अदर प्लेज़ आदि पुस्तकें। *सम्मान :* 1966 में राजकीय साहित्य पुरस्कार।

गाब्रिअल ओकारा : (नाइजीरिया) जन्म 1927। *कृतियाँ :* द फ़िशरमेन्स इन्वोकेशन, द वॉइज़ आदि पुस्तकें प्रकाशित। *सम्मान :* ब्रिटिश काउन्सिल शार्ट स्टोरी कॅम्पटीशन में एक लघु कथा और नाइजीरियन आर्ट फ़ेस्टिवल 1953 में एक कविता पुरस्कृत। अमेरिका में पत्रकारिता का प्रशिक्षण। पूर्वी नाइजीरिया सरकार के सूचना अधिकारी। नाइजीरियाई गृहयुद्ध में पृथक्तावादी विचारधारा का अनुसरण। रिवर स्टेट गवर्नमेन्ट न्यूज़पेपर की स्थापना। नाइजीरियन टाइड और टेलिविजन सर्विस की भी स्थापना।

अर्नेस्तो कार्देनाल : (निकारागुआ) जन्म 1925। *कृतियाँ :* हिस्टॉरिकल पोयम, ज़ीरो ऑवर, साम्स, अ प्रेअर फ़ॉर मर्लिन मनरो, होमेज टु द अमेरिकन इण्डियन्स, ट्रिप टू न्यूयार्क, नेशनल सांग, डाउटफुल स्ट्रेट, ऑरेकल ऑन मानागुआ, एनोनिमस निकारागुअन, लाइफ़ इन लव, इन क्यूबा, गॉस्पेल ऑफ़ सोलेन्तीनेम आदि पुस्तकें प्रकाशित। *सम्मान :* पश्चिमी जर्मनी के पुस्तकविक्रेताओं द्वारा 1980 में पीस पुरस्कार, 1982 में निकारागुआ सरकार द्वारा कल्चरल लिबरेशन रूबेन डेरिओ और 1985 में सीज़र सेनदिनो। फ्रांस की सरकार द्वारा नाइट कमाण्डर इन आर्ट्स की उपाधि। मेदेलिन

(कोलम्बिया), वलेन्सिया (स्पेन) और रिओ (ब्राजील) के विश्वविद्यालयों द्वारा डॉक्टरेट की उपाधि। कोलम्बिया विश्वविद्यालय न्यूयार्क में अमेरिकन साहित्य का अध्ययन। 1965 में मानागुआ में पादरी की दीक्षा ग्रहण की। निकारागुआ सरकार में मंत्री।

के. अय्यप्पा पणिक्कर : (भारत) जन्म 1930। *कृतियाँ :* अय्यप्पा पणिकरुड़े कृतिकल, अय्यप्पा पणिकरुड़े कृतिकल–2, एझु कविताकल पथ अनंगालम, क्यूबन कविताकल, आदि पुस्तकें मलयालम में प्रकाशित। सेलेक्टेड पोयम्स, अ शॉर्ट हिस्ट्री ऑफ़ मलयालम लिटरेचर, द मैन एण्ड द पोयट मलयालम से अंग्रेज़ी में अनूदित। 1988 में पोयम्स ऑफ़ मायाकोव्स्की की कविताओं का मलयालम में अनुवाद प्रकाशित। *सम्मान :* कविता के लिए केरल साहित्य अकादेमी, केन्द्रीय साहित्य अकादेमी पुरस्कार। आलोचना के लिए केरल साहित्य और फ़ादर अब्राहम बुल्फ़े पुरस्कार। कल्याणी कृष्णा मेनन पुरस्कार। केरल कविता त्रैमासिक के मुख्य सम्पादक।

फ़िलिप जेकोते : (फ्रान्स) जन्म 1925। *कृतियाँ :* घेकिम, ल' एफ़ख़ाइक, ल' इग्नोघान्त एयख़, लेसाँ, पोएसिए, शॉन्त् दँ बा, ला ल्यमिरेघ द' इवेख़, पाँसे सो ले न्युआज़ ला प्ख़ोमनाद सों ले आगबग़, ऐलेमेन्त दं सॉन्ज ल' ओब्स्क्यूघित, ला समेंजों, ल' एन्त्ख़ेतीम दे म्यूज़ पेसाज़ आवेक फिग्यूघ आब्सेन्त, गील्क, अ त्ख़ावेख़ अँ वेग़ज़ेग़, उइन त्ख़ान्साक्स्यों सेक्ख़ेत। होल्डरलिन, म्यूज़िल और मोन्ताले की रचनाओं के अनुवाद। युद्धोत्तरयुग के चर्चित कवि।

फेरेन्त्स यूहाश : (हंगरी) जन्म 1928। *कृतियाँ :* लव फ़ॉर द यूनिवर्स, द रिडीमिंग गोल्डन स्वॉर्ड, सेलेक्टेड पोयम्स। द बॉय चेन्ज्ड इनटू अ स्टेग कविता को प्रसिद्धि। अनेक लेख, कविताएँ जर्मन और फिन्निश भाषाओं में अनूदित। एक साहित्यिक मासिक पत्रिका के सम्पादक।

गुंटर कुनेर्ट : (पश्चिमी जर्मनी) जन्म 1929। *डायमेन्शन* पत्रिका में लेखन। 1972 में ऑस्टिन के टेक्सास विश्वविद्यालय में जर्मन भाषा विभाग में विज़िटिंग लेखक के रूप में निमंत्रित। पूर्वी और पश्चिमी जर्मनी में रचनाओं का प्रकाशन।

जोवान्नी राबोनी : (इटली) जन्म 1932। *कृतियाँ :* द अनहोलसमनेस ऑफ़ एअर, द हाउस ऑफ़ वेटरा, लिनटोप्पो, डिसेप्टिव केडेन्स, द कोल्डेस्ट इयर ऑफ़ ग्रेस, इन द डीप ड्रीम पुस्तकें प्रकाशित। ऑडेन, पाउण्ड और एलियट पर उनके निबन्ध प्रशंसित। मन्देदेरी पब्लिशर्स के सम्पादक।

डेनिस ब्रूटस : (जिम्बाब्वे, दक्षिण अफ्रीका) जन्म 1914। *कृतियाँ* : सायरन नकल्स ब्रूटस, लेटर्स टू मार्था, पोयम्य फ्रॉम अल्जिअर्स, थॉट्स अब्रॉड, अ सिम्पल लस्ट, स्ट्रेन्स, चायना पोयम्स, स्टवर्न होप, सल्यूट्स एण्ड सेंसर्स पुस्तकें प्रकाशित। *सम्मान* : बारी पोयट्स पुरस्कार, जिसे उन्होंने यह कहकर ठुकरा दिया कि वह रंग-भेद को बढ़ावा देता है। दक्षिण अफ्रीका के विद्यालयों में 15 वर्ष तक अंग्रेज़ी और अफ्रीकी भाषाओं का अध्यापन। रंग-भेद के विरोध में लेखन। सरकार द्वारा उनकी कृतियों के प्रकाशन पर प्रतिबंध। अपने देश से निर्वासिन। 1966 में इंग्लैंड आकर डेन्वर विश्वविद्यालय में अध्यापन। 1977 में नॉर्थ वेस्टर्न विश्वविद्यालय में व्याख्याता नियुक्त। दक्षिण अफ्रीका में निर्दोष कैदियों की स्वतंत्रता के लिए प्रयत्न।

हेनरिक नार्डब्रान्ट : (डेनमार्क)। *कृतियाँ* : गॉड्स हाउस, सेलेक्टेड पोयम्स, अरमेनिया पुस्तकें प्रकाशित। अधिकांश रचनाएँ अलेक्ज़ेन्डर टेलर द्वारा डेनिश से अंग्रेज़ी में अनूदित। आधुनिक समय की गीतात्मक प्रेम कविताएँ लिखने के लिए ख्यात।

डब्ल्यू.एस. रेण्ड्रा : (इण्डोनेशिया) जन्म 1935। *कृतियाँ* : एन एंथोलॉजी ऑफ़ मॉडर्न इण्डोनेशियन पोयट्री में कुछ कविताएँ प्रकाशित। ऐण्ड्रा ब्लाड्स एण्ड ब्लूज़, कन्टेम्परेरी इण्डोनेशियन पोयट्री। अनेक रचनाएँ बहासा से अंग्रेज़ी में अनूदित। उनकी कविताओं में नृत्य-नाटिकाओं का सा आभास।

शुन्तारो तानिकावा : (जापान) जन्म 1931। *कृतियाँ* : ट्वेन्टी बिलियन लाइट इयर्स ऑफ़ लोनलीनेस, लेम्पून्स, ट्रेवल्स, एट मिडनाइट इन द किचिन आई जस्ट वान्टेड टू टॉक विद यू, कोका-कोला लेसन, सांग्स् ऑफ़ नान्सेन्स, फोकसिंग ऑन वर्ड्स, लेट योर इयर्स पर्क अप। *सम्मान* : 1962 में जापान डिस्क पुरस्कार, 1975 में अनुवाद पुरस्कार और 1982 में बच्चों की कविताओं मदरगूज़ के लिए योमिनी साहित्य पुरस्कार।

अरुण कोलटकर : (भारत) जन्म 1932। *कृतियाँ* : अरुण कोलटकर च्या कविता (मराठी) *जेजुरी* अंग्रेज़ी कवितासंग्रह (जेजुरी के मराठी अनुवाद निशिकान्त ठकार द्वारा) *सम्मान* : 1977 में कॉमनवेल्थ कविता पुरस्कार। ग्राफिक आर्टिस्ट और चित्रकार के रूप में प्रतिष्ठित। मराठी और अंग्रेज़ी में कविताएँ प्रकाशित।

बेल्ला अख़्मादूलीना : (सोवियत रूस) जन्म 1937। *कृतियाँ* : स्त्रूना या कॉर्ड 1962 में प्रकाशित। गोर्की लिटरेरी इन्स्टीट्यूट में अध्ययन और वहाँ से 1957 में निष्कासन। आरम्भिक दिनों में रचनाएँ प्रकातिशत होने में अनेक बाधाएँ। रूसी से हिन्दी में अनेक रचनाओं का प्रकाशन।

टोमस ट्रान्स्ट्रोमर : (स्वीडन) जन्म 1931, *कृतियाँ :* 17 डिक्टन (17 कविताएँ), ट्वेन्टी पोयम्स ऑफ़ टोमस ट्रान्सट्रोमर, विन्डोज़ एण्ड स्टोन्स, बाल्टिक्स (एक लम्बी कविता), ट्रुथ बेरिअर्स, द वाइल्ड मार्केट प्लेस, कलेक्टेड पोयम्स प्रकाशित। *सम्मान :* 1981 में पिट्रार्ख पुरस्कार और 1983 में बोनिअर पोइट्री पुरस्कार। मनोवैज्ञानिक।

शंख घोष : (भारत) जन्म 1932। *कृतियाँ :* बाबरेर प्रार्थना, आदिम लतागुल्ममय, दिनगुलि रातगुलि, निहित पाताल छाया, श्रेष्ठ कविता, मूर्ख बड़ो, सामाजिक नाय, तुमि तो तेमन गोरी नाव, पांजरे दाँड़ेर शब्द, कवितासंग्रह, प्रहर जोड़ा त्रिताल, मुख देखे जाय विज्ञापने (कवितासंग्रह), कालेर मात्रा ओ रवीन्द्रनाथ, निःशब्देर तर्जनी, छंदेर वारान्दा, ओकांपोर रवीन्द्रनाथ, ए आमिर आवरण, उर्वशीर हासी, शब्द आर सत्य, निर्माण आर सृष्टि (निबंध संग्रह)। विद्यासागर, सकालवेलार आलो, शब्द निए खेला, राग करो ना रागुनी (बच्चों के लिए), अनुवाद—निकोलास गियनेर: चिड़ियाखाना और अन्य कविताएँ। इण्टरनेशनल क्रिएटिव राइटिंग प्रोग्राम आयोवा विश्वविद्यालय अमेरिका के लिए आमंत्रित।

चाङ्. ह्यान जाङ्. : (दक्षिण कोरिया) जन्म 1939। *कृतियाँ :* द ड्रीम ऑफ़थिंग्स, द फेस्टिवल ऑफ़ पेन : सेलेक्टेड पोयम्स, आय एम स्टार अंकल, लाइक द बॉल देट बाउन्सेज़, द बैगर एण्ड द मैड मैन : सेलेक्टेड पोयम्स एण्ड प्रोज़। रॉबर्ट फ्रॉस्ट, डब्ल्यू. बी. येट्स और पॉब्लो नेरूदा की कविताओं का अनुवाद। *सम्मान :* 1978 में कोरिया राइटर्स पुरस्कार।

रमाकान्त रथ : (भारत) जन्म 1934। *कृतियाँ :* सप्तम ऋतु, विषुव मिलन आदि छः कवितासंग्रह प्रकाशित। *सम्मान :* सप्तम ऋतु काव्यसंग्रह साहित्य अकादेमी द्वारा पुरस्कृत। विषुव मिलन उड़ीसा साहित्य अकादेमी द्वारा पुरस्कृत। श्री राधा नामक एक खण्ड काव्य का लेखन। हिन्दी में अनेक कविताएँ अनूदित। भारतीय प्रशासनिक सेवा से सम्बद्ध।

कोफी अवूनोर : (घाना) जन्म 1935। *कृतियाँ :* री-डिस्कवरी : राइड मी मेमोरी, नाइट ऑफ़ माइ ब्लड, गार्जियन ऑफ़ द सेकरेड वर्ड, हाउस बाइ द सी, अंटिल द मोर्निंग आफ़्टर, कलेक्टेड स्टडी ऑफ़ अफ्रीकन हिस्ट्री, कल्चर एण्ड लिटरेचर और द घाना रिवोल्यूशन आदि। *सम्मान :* लॉगमैन फैलोशिप, गरे पुरस्कार, ट्रान्सलेशन सेंटर पुरस्कार (कोलम्बिया विश्वविद्यालय), सोशल साइंस रिसर्च पुरस्कार, रॉकफ़ेलर पुरस्कार (स. रा. अमेरिका), लंदन में भाषा और साहित्य का विशेष अध्ययन। टेक्सास, घाना और केप कोस्ट विश्वविद्यालयों में अध्यापन। इन दिनों ब्राजील में घाना के राजदूत।

हेलमूट त्सेंकर : (आस्ट्रिया) जन्म 1949। *कृतियाँ* : नोट बुक, मॉपिग अप एक्शन, मिस्टर नोवाक मेक्स हिस्ट्री, द सेलेब्रेशन ऑफ़ द फ्रॉग्ज़। उनकी लघु कहानियाँ द रिमूवल ऑफ़ द जेनिटर में संकलित।

शू तिङ् : (चीन) जन्म 1953। *कृतियाँ* : अ बोट विद टू मास्ट्स (पहला कवितासंग्रह) *सम्मान* : 1983 में राष्ट्रीय पुरस्कार। चीन के लेखक संघ की सदस्या।

क्रेग रेन : (इंग्लैण्ड) जन्म 1944। *कृतियाँ* : द ओनियन मैमोरी, अ मार्शियन सैन्ड्स अ पोस्टकार्ड होम, इलेक्ट्रिफिकेशन ऑव द सोवियत यूनियन। बिम्बों और चमत्कारिक प्रतीकों के लिए प्रसिद्ध।

नेन्सी मोरेजान : (क्यूबा) जन्म 1944। *कृतियाँ* : रिचर्ड ब्रॉट हिज़ फ्लूट, इनडिस्पेन्सेबल अक्तूबर, पॉलिश्ड स्टोन, वेयर आइलैण्ड स्लीप्स लाइक अ विंग। *सम्मान* : जरनल सेन्फ्रांसिस्को क्रॉनिकल (केलिफ़ोर्निया) द्वारा क्रिटिक्स पुरस्कार। अंग्रेज़ी, फ्रेंच, इतालवी, पुर्तगाली, जर्मन और रूसी भाषाओं में कविताएँ अनूदित। रंग-भेद नीति के विरोध में बनी प्रमुख समितियों, पेन अफ्रीकन और एफ्रो-अमेरिकन लेखक संघ की अध्यक्ष।

जूडिथ राड्रीगेज़ : (आस्ट्रेलिया)। *कृतियाँ* : वाटर लाइफ़, मडक्रैब एट गैम्बारोज़, नू-प्लास्टिक फ़ेन-फ़ेयर रेड, शेडो ऑन-ग्लास। अनेक लेखक कार्यशालाओं का संचालन। समीक्षक। जमाइका, लन्दन और आस्ट्रेलिया के विश्वविद्यालयों और महाविद्यालयों में अंग्रेज़ी तथा आस्ट्रेलियन साहित्य का अध्यापन।

मेलीह सेवदेत एन्दे : (तुर्की) आधुनिक तुर्की साहित्य के एक नाटककार, उपन्यासकार, निबंधकार, आलोचक, कवि। अनेक साहित्यिक पुरस्कारों से सम्मानित। रूस, अमेरिका और इंग्लैण्ड सहित अनेक यूरोपियन भाषाओं में रचनाएँ प्रकाशित।

सम्पादक

अशोक वाजपेयी : जन्म : 1941। चार कविता संग्रह **शहर अब भी संभावना है** (भारतीय ज्ञानपीठ 1966) **एक पतंग अनंत में** (राजकमल प्रकाशन 1984) **अगर इतने से** (राजकमल प्रकाशन 1986), **तत्पुरुष** (राजकमल प्रकाशन 1988), दो आलोचना-पुस्तकें **फिलहाल** (राजकमल प्रकाशन 1970) और **कुछ पूर्वग्रह** (राजकमल प्रकाशन 1984) 1957-59 में त्रैमासिक संकलन **समवेत** (सागर), 1970-84 में **पहचान-सीरीज** (सीधी, अम्बिकापुर और भोपाल) का संपादन। 1974 से आलोचना द्वैमासिक **पूर्वग्रह** (भोपाल) और 1988 से अंग्रेज़ी अनियतकालीन **बहुवचन** (भोपाल) के संपादक। अन्य संपादित पुस्तकें : **तीसरा साक्ष्य, कुमार गंधर्व, साहित्य विनोद** और **कला विनोद**।

एक भारतीय लेखक के रूप में रूस, चेकोस्लोवाकिया, हंगरी, ब्रिटेन, फ्रांस, मिस्र, जापान, थाईलैण्ड, अमरीका और स्वीडन की यात्रा। सांस्कृतिक अस्मिता पर यूनेस्को द्वारा तोक्यो-क्योतो में आयोजित एशियाई लेखक परिसंवाद में शिरकत, स्मिथसोनियन इंस्टीट्यूट वाशिंगटन के अन्तर्राष्ट्रीय परिसंवाद के एक सत्र की अध्यक्षता और अमरीका के सात नगरों में भारतीय कविता समारोह, स्वीडन में भारतीय लेखकों के परिसंवाद और पाठ का आयोजन। भारत भवन के भारतीय कविता की पहली त्रैवार्षिकी 'कविभारती' एशियाई कविता समारोह 'कविता एशिया' और 'वागर्थ' : विश्व कविता समारोह के निर्देशक।

अनेक कविताओं का अंग्रेजी, रूसी, हंगेरियन, फ्रेंच, जापानी, चेक, जर्मन, चीनी, बंगला, असमिया, उड़िया आदि में अनुवाद हुआ है।